W0072233

WIELAND BACKES

Ich war ein schüchternes Kind vom Lande

Mein Leben

Klett-Cotta

Zweite Auflage, 2021

Klett-Cotta
www.klett-cotta.de
© 2021 by J. G. Cotta'sche Buchhandlung Nachfolger GmbH,
gegr. 1659, Stuttgart
Alle Rechte vorbehalten
Cover: Rothfos & Gabler, Hamburg
unter Verwendung einer Abbildung von © Marcus Kaufhold
Gesetzt von Dörlemann Satz, Lemförde
Gedruckt und gebunden von GGP Media GmbH, Pößneck
ISBN 978-3-608-96482-0
E-Book ISBN 978-3-608-11654-0

Bibliografische Information der Deutschen Nationalbibliothek
Die Deutsche Nationalbibliothek verzeichnet diese Publikation
in der Deutschen Nationalbibliografie; detaillierte bibliografische
Daten sind im Internet über http://dnb.d-nb.de abrufbar.

Inhalt

Nächtliches Gespräch

Die Ankündigung des Fernsehdirektors kam unterwartet. Und ziemlich kurzfristig. »Wann will er denn kommen?« »Heute«, sagte die Assistentin sichtlich erregt. Nicht allzu oft hatte sich der Direktor in der Vergangenheit auf die eineinhalb Autostunden Fahrt von Baden-Baden zum Schloss Favorite in Ludwigsburg begeben. Und jetzt so plötzlich …

Ob nach der Aufzeichnung noch Zeit für ein persönliches Gespräch wäre? Selbstverständlich. Mir war bewusst, es ist so weit, hatte ich doch selbst in einem vertraulichen Telefonat darauf gedrängt, dass ich nach mehr als einem Vierteljahrhundert als Moderator der Talkshow Nachtcafé und nahezu 68 Lebensjahren gerne den Schlusspunkt setzen würde. Jetzt also wollte Fernsehdirektor Christoph Hauser offenbar Nägel mit Köpfen machen. Seit 1987 war das Nachtcafé immer mehr zum Dreh- und Angelpunkt meines beruflichen Lebens geworden: so anregend wie aufregend und nicht selten, auch für mich selbst, ein kleines Lehrstück über das Leben.

Selbst über meinen Abschied vom Bildschirm entscheiden – nichts hatte ich mir schon Jahre zuvor fester vorgenommen als das. Im Kopf die Vielzahl an Kolleginnen und Kollegen, die gegen ihren Willen ausgemustert und entsorgt wurden, meistens schwer darunter leidend, sich selbst und ihrem Sender gram. Und jetzt … Wie werde ich den Entzug der Droge Bildschirm verkraften?

Eine Erinnerung an das Nachtcafé-Thema dieses Abends habe ich nicht mehr, an das anschließende Gespräch umso mehr. Zwei Bierbänke für das Team standen da, wie immer unter den Arkaden an der Rückseite des Lustschlosses, darauf sollte nun mit Blick in den mondhellen Park in einer nicht wirklich lauen Sommernacht das letzte Kapitel meiner Fernsehjahre verhandelt werden. »Wie lange würden Sie noch gerne das Nachtcafé moderieren?« Ich schlage ein gutes Jahr vor, finde Zustimmung und etwas, was ich an vielen Punkten meines Berufsweges schmerzlich vermisst habe: Wertschätzung. Sicherheitshalber haben wir das Ganze mit einem Glas Rotwein besiegelt.

Begonnen hatte die Sache mit dem Fernsehen für mich schon mehr als vier Jahrzehnte zuvor. Damals hieß der Sender noch Süddeutscher Rundfunk. Beim Begrüßungsgespräch in der Intendanz empfing mich mein künftiger oberster Chef mit den Worten: »Sie wollen doch sicher nicht Ihr ganzes Leben lang bei unserem Sender bleiben?« Offen gesagt, ich habe es mir damals auch selbst nicht zugetraut, dass ich mich in diesem aufgeheizten Haifischbecken behaupten könnte – ich, das eher schüchterne Kind vom Lande, das eigentlich wie seine Eltern Lehrer werden sollte.

Hätte mir damals eine Wahrsagerin mein Leben, so wie es wirklich verlaufen ist, aus der Hand gelesen, es hätte nur eine Reaktion gegeben: »Bitte geben Sie mit sofort mein Geld zurück!«

Bei aller Neigung zum Kreativen, zum Gestalten und Inszenieren und, trotz meiner ausgeprägten Neugier aufs Leben, ein Beruf in den Medien war damals weit jenseits meiner Vorstellungskraft – fremdes Land, unerreichbar. Ich war mir ganz sicher: Wenn ich mich auf dieses Terrain wagen würde, das wäre mein Untergang.

Die Sache mit der Herkunft

Dieser Satz des Deutschlehrers blieb haften: »Jeder Mensch hat Wurzeln – und die sind prägend.« Wurzeln – ich auch? Nein, wie meine ganz Familie fühlte ich mich damals, in den 1950ern in meinem schwäbischen Dorf eher ohne jede Verankerung – mehr entwurzelt.

Was war, was bin ich eigentlich: Deutscher, Österreicher, Rumäne oder nach mehr als 70 Jahren dann letztlich doch Schwabe? Den Dialekt beherrsche ich seit Kindertagen akzentfrei – Ergebnis strenger autodidaktischer Übungen auf der heimischen Ofenbank. Damals im Dorf eine Überlebensfrage. Heimatgefühle? Zugegeben, ich habe da nach wie vor ein Problem: Fast ein Leben lang hier und noch immer will ich kein Schwabe sein.

Rumänien, genauer das Banat, hatten meine deutschstämmigen Eltern bereits 1939 in Richtung Hitlerdeutschland verlassen, im Gepäck meine fünf Brüder, gerade mal zwischen drei und zehn Jahre alt. Ich war noch nicht dabei. Mein ungeplanter Auftritt sollte erst Jahre später anstehen.

Insbesondere für meinen Vater war die illegale Ausreise wohl so etwas wie der Aufbruch ins gelobte Land. Jedenfalls meinte er das damals. Dort, wo er 1908 geboren ist, als Sohn eines Schmieds und Bauern, hatte man ihm den Abschied allerdings auch nicht schwer gemacht. Längst vergessen die Zeiten, als seine ärmlichen Vorfahren aus der Südeifel, dem

Ruf Kaiserin Maria-Theresias folgend, donauabwärts in die Ebene unter dem Karpatenbogen zogen. Stolz auf ihr prosperierendes Bauernland, blieben sie über die Jahrhunderte ziemlich deutsch.

Doch nach dem Ersten Weltkrieg zeigte der aus Wrackteilen der K.u.k-Monarchie zusammengezimmerte rumänische Nationalstaat, dass er eines bereits perfekt beherrschte: die Diskriminierung von Minderheiten. So erfuhr der junge Heinrich Backes erst wenige Wochen vor seinem Abitur, dass die Abschlussprüfungen nicht wie bisher auf Deutsch, sondern auf Rumänisch abzulegen seien. Er hat sein Abitur bestanden, aber die Basis für seine spätere unselige Hitlerbegeisterung war gelegt.

Damals, im Juni 1908, als dieser Heinrich Backes, der Sohn des Hufschmieds, auf die Welt gekommen war, schien es zunächst eher so, als wolle er sich schon bald wieder von dieser Welt verabschieden. Das Kind schwächelte bedenklich. Doch vielleicht war es gerade die durch den herbeigerufenen Ortspfarrer schon eingeleitete letzte Ölung, die ihn sich trotzig eines anderen besinnen ließ. Er überlebte und gedieh normgerecht. Und just jener Geistliche, der ihm schon kurz nach der Geburt den Weg ins Jenseits hatte ebnen sollen, nahm jetzt eine geradezu lebensentscheidende Rolle für den einstigen frühkindlichen Wackelkandidaten ein. Heinrich entpuppte sich als so auffallend intelligent, dass der Geistliche dem Hoffnungsträger Privatunterricht anbot – mit Erfolg. Das rumänische Abitur in der Tasche, schrieb er sich bei einer begehrten Adresse ein, dem katholischen Priesterseminar von Temeswar.

Vermutlich wäre er tatsächlich Priester geworden, wäre da nicht in seinem Heimatdorf unglücklicherweise diese dralle Kindergartenpraktikantin aufgetaucht: Margarete.

Bald war ihm klar: Vielleicht ist er ja ein Mann für die Kanzel, aber bestimmt nicht für das Zölibat, eine These, die im Rückblick von heute durch sieben gemeinsame Kinder überzeugend belegt ist. Beide, Margarete und Heinrich, sind schließlich Lehrer geworden und ein Paar auf Lebenszeit.

Margarete Nikola aus Lenauheim war nach ihrer Herkunft eine Schattierung feiner als Heinrich. Sie stammte aus einem gutsituierten Lehrerhaushalt und war die Nachbarin des – hierzulande wohl eher unbekannten – Grafen Sitschy. Wann immer mein Vater bei meiner Mutter eine dünkelhafte Vornehmheit zu spüren glaubte, musste besagter Graf herhalten: »Ja natürlich, die Nachbarin des Grafen Sitschy!« Aber meine Mutter war keineswegs dünkelhaft, eigentlich überhaupt nie. Sie war eine durch und durch warmherzige Person, eine liebende Mutter und eine leidenschaftliche Lehrerin, verehrt von ihren Schülern wie von ihren Söhnen. Fünf wurden noch in Rumänien geboren: Der eigenbrötlerische Heinrich, der gemütliche Ewald, der so intelligente wie chaotische Nikolaus, der schöne Günther und der solide und treue Werner.

Bei der fluchtartigen, illegalen Ausreise aus Rumänien hatte sich mein Vater zunächst mit dem »schlimmsten seiner Söhne«, Nikolaus, allein auf den Weg gemacht. Geführt von teuer bezahlten Schleusern, arbeiteten sie sich auf atemraubenden Gebirgspfaden in Richtung Österreich vor, seit einem Jahr Deutschlands Ostmark.

Gleichzeitig reiste meine Mutter mit den vier angeblich braveren Söhnen nach Budapest. Sie – die Nachbarin des Grafen Sitschy – sprach glücklicherweise perfekt ungarisch. Das für germanische Ohren nur schwer zu dekodierende Idiom eignete sich übrigens auch ganz hervorragend als Geheimsprache, wenn wir Kinder etwas nicht verstehen sollten.

Die Familie Backes 1936 mit fünf Söhnen im Banat.
Ich kam erst zehn Jahre später dazu.

In Budapest residierte man für Flüchtlinge deutlich über
Norm. Meine Brüder waren noch viele Jahre später der tiefen Überzeugung, dass im legendären Hotel Gellért noch
immer Geschichten über die vier Rowdies aus dem Banat
kursieren. Wann immer sie davon erzählten, Mal für Mal,
entwickelte sich die Dimension des angerichteten Schadens
noch eine Drehung weiter nach oben.

Als die völlig entnervte (aber natürlich ungebrochen innig liebende) Mutter am 1. September 1939 mit ihrer wilden Truppe und wenigen Handkoffern die Grenze nach Österreich passiert, also »großdeutschen Boden« erreicht, hat Hitler gerade Polen überfallen – der Zweite Weltkrieg beginnt. Auf der Landstraße beim Grenzort Mogersdorf kommt den neu Zugereisten ein Fuhrwerk entgegen, das – sie trauen ihren Augen nicht – von zwei Kühen gezogen wird. Was mag das wohl für ein armseliges Land sein, in das sie da geraten sind? Die Realität wollte meine Familie erst gar nicht wahrhaben. Es herrschte bereits Krieg. Menschenverachtung und Größenwahn trieben die Nation unaufhaltsam in eine der größten Katastrophen der Menschheitsgeschichte.

Das Gotteshaus von Sankt Martin an der Raab im Burgenland thront beherrschend auf dem höchsten Hügel der Marktgemeinde. Geradezu symbolhaft ihr zu Füßen liegt das Schulhaus – für meine Familie von nun an Wohnsitz und Arbeitsplatz zugleich. Die Backes-Familie liebt die Österreicher. Und die Österreicher lieben sie. Für meine fünf Brüder ist Sankt Martin, auch noch in den ersten Kriegsjahren, das Idyll ihrer Kindheit. Die Mutter wird vergöttert, dem streng autoritären Vater indessen werden eindeutige Reime gewidmet: »Weil er uns sonst niederhaut, preisen wir ihn alle laut.«

Es war ihm nicht schwergefallen, für sich und seine Familie den existenziellen Boden zu bereiten, ging ihm doch der Hitlergruß so leicht über die Lippen. Ja, er besaß Neigungen, die ihn für das Gedankengut der Nationalsozialisten bedenklich empfänglich machten. Ich habe sie später selbst in der Hand gehalten, die Fotos in Uniform mit Hakenkreuz und Heldenpose. Zuweilen auch mit Bella, seinem Deutschen Schäferhund. Eigentlich war mein Vater aber alles andere als ein Held. Ich habe nie einen größeren

Hypochonder als ihn kennengelernt, vielleicht eine Mitgift aus seinem frühkindlichen Überlebenskampf. Keinen Menschen habe ich so oft sterben sehen wie ihn. Er wurde freilich 92 Jahre alt.

Im Schreckenssystem dieser Zeit kam seine Heldenattitude allerdings blendend an. Außer der Lehrerrolle wurden ihm offenbar weitere Aufgaben übertragen, über die man später in der Familie kein Wort mehr verlor. Ein politisch Verführter? Ein verblendeter Idealist? Der Weg, den er gegangen ist, verbindet sich für mich bis heute mit einem unendlichen Schmerz, gerade bei einem Menschen wie ihm – intelligent, initiativ und kreativ, ein Organisationsgenie, das waren nämlich seine anderen Seiten. Er konnte »etwas auf die Beine stellen«. Seine besten Jahre aber hat er an die Nazis vergeudet.

Er wurde Soldat, wie fast alle. An die Front wurde er zum Glück allerdings nicht beordert. Das Kriegsende, den Zusammenbruch erlebte er in der Kaserne in Klagenfurt.

Im Osten Österreichs, im Burgenland, wo der Hauptteil der Familie lebt, rückt die Rote Armee bedrohlich näher. Gerüchte über Massenvergewaltigungen und Verschleppungen ganzer Familien eilen den Soldaten voraus. Als die Rote Armee im Burgenland einmarschiert, erkämpft meine Mutter für ihre Söhne und sich gerade noch einen Platz auf dem letzten Wehrmachtslaster der Sankt Martin gen Westen verlässt. Ihre ganze Habe lassen sie zurück. Kurz vor der Abfahrt fehlt einer: Bruder Ewald. Man findet den 14-Jährigen schließlich mit einer am Straßenrand aufgelesenen Feuerwaffe über der Schulter, finster entschlossen, den Endsieg zu retten.

Kurz nach dem 8. Mai 1945 wird die Kaserne, in deren Schreibstube mein Vater den Krieg überlebte, der notge-

drungene Zufluchtsort unserer Familie. Die kommenden
Jahre sollten für sie die härtesten werden. Desaströs: Die Eltern meist arbeitslos, ihrer falschen Träume entledigt, ohne
Wohnung und ohne Perspektive. Die Söhne ohne Schul-
abschluss, dafür Schreckensbilder im Kopf: Traumatisch
waren die Erinnerungen an die Bunkernächte, in den über
ihren Köpfen in dem Grazer Internat, das die älteren Söhne
seit einigen Jahren besuchten, die Bomben einschlugen.

Und als schließlich das Bomben, Schießen und Lynchen
ein Ende fand, kam der Hunger – immer nur Hunger. Auf
den extrem trockenen Sommer 1946 folgte ein klirrend
kalter Winter. Fast nirgendwo war die Not so groß wie im
gerade wieder auferstandenen Österreich – und meine Familie mit fünf Kindern mittendrin, orientierungslos und
bettelarm. Immerhin, es gab Lebensmittelmarken, die Währung für schmale Rationen. Und da geschah etwas Bemer-
kenswertes. Meine Brüder traten ganz diskret und freiwillig
einen Teil ihrer Marken an meine Mutter ab: Sie wenigstens
sollte nichts entbehren.

Es war erst ein paar Monate her, dass sie, unter schwierigsten Umständen, noch einmal ein Kind geboren hatte – nach
fünf Burschen endlich das lange herbeigesehnte Mädchen.
Größte Freude rundum. Doch Heidemarie, wie sie sie nennen wollten, hatte keine Chance. Nach einer verunglückten
Zangengeburt verweigerte sie jegliche Nahrungsaufnahme.
Sie wurde kaum mehr als eine Woche alt und hinterließ
eine Familie, bei der sich zur Not jetzt auch noch eine nim-
mer enden wollende Tristesse einstellte. So war die Verwunderung groß, als meine Mutter bereits wenige Monate nach
dieser Tragödie erneut ein Kind erwartete. Und, wenn es
nach meinen Brüdern ging, so war jetzt durch ihre Lebensmittelmarken erneutem Unheil verlässlich vorgebeugt.

Ein Wunschkind auf den zweiten Blick

Der Gynäkologe in der Grazer Frauenklinik schaute sorgen-voll auf den Bauch meiner Mutter. Bei der fast 40-Jährigen hatten sich ernste Schwangerschaftsprobleme eingestellt. »Sie müssen sich überlegen, ob Sie das Kind unter diesen Umständen überhaupt austragen wollen«, sagte der Arzt und bot für den Fall der negativen Entscheidung unausgespro-chen seine Hilfe an. Da schaute meine Mutter meinen Vater an, mein Vater den Arzt, dann noch einmal meine Mutter, dann wieder den Arzt und sprach mit fester Stimme und patriarchalischer Entschiedenheit: »Es bleibt!« So wurde ich ein Wunschkind auf den zweiten Blick.

Nur einen Wunsch konnte ich meinen Eltern freilich nicht erfüllen: Das lang ersehnte Mädchen wurde ich nicht, sondern bedauerlicher- und überflüssigerweise Sohn Num-mer sechs. Sie haben mir das allerdings zeitlebens nie vor-geworfen.

Der belesenste unter meinen Brüdern, Helmut Nikolaus, hatte gerade die »Deutschen Heldensagen« verschlungen und kam im Gedenken an den Beruf des Großvaters väter-licherseits mit einer wirklich exotischen Idee zur Namens-gebung daher: Wieland, der Schmied. Wieland – mit diesem seltsamen Vornamen habe ich übrigens nie ernsthaft geha-dert. So selten, wie er ist, weiß ich, wenn er fällt: Da kann nur ich gemeint sein.

Die Zeiten waren noch immer schlecht – und jetzt auch noch ein Esser mehr. Doch der Kleine strahlte und lächelte die Sorgen der Familie einfach weg. Und die Brüder, mit reichlich Sicherheitsabstand von zehn bis sechzehn Jahren ausgestattet, sahen nicht den geringsten Anlass, mit dem Nachzügler auf irgendeine Weise zu rivalisieren. Sie liebten ihren kleinen Bruder ausnahmslos, übertroffen nur noch von der unerschöpflichen Zuneigung der Mutter für ihren Nachzügler – für mich die Lebensbasis schlechthin.

Durch die Vermittlung eines befreundeten Lehrerpaares hatte meine Familie in einem steirischen Dorf namens Paldau eine dürftige Bleibe gefunden. Aber wie sollte es weitergehen? Sie waren ja, wegen Hitler, deutsche Staatsbürger. Das gerade befreite Österreich dachte aber nicht im Geringsten daran, sie wieder dauerhaft als Lehrer anzustellen. Da blieb nur eines, dorthin gehen, wo sie zumindest formal dazugehörten: nach Deutschland.

Die Philatelie, das Sammeln von Briefmarken, mag heute im Ruf stehen, zu den eher langweiligen Freizeitbetätigungen zu gehören. Doch mein Vater war Philatelist und zwar ein leidenschaftlicher. »Deutschland« hatte er von Anbeginn fast vollständig, insbesondere die Zeit nach 1933. Und er hatte einen Briefmarkentauschfreund: einen Geschäftsmann aus Stuttgart. Der – so hoffte er – konnte vielleicht der Kontaktmann und Helfer für einen neuen Anfang sein, quasi von Philatelist zu Philatelist.

Beim Vorauskommando sollte »der Schlimmste« sicherheitshalber wieder mitgenommen werden. So zogen Vater und Sohn Nikolaus erneut auf zukunftssuchender Mission in Richtung Grenze, dieses Mal war es die schwer zu überquerende Grenze Richtung Bayern. Und wieder ging es nicht ohne Schlepper und wieder über Felsenpfade. Als sie

sich nach illegalem Passieren der Grenze viele Tage später
bis nach Stuttgart durchgeschlagen haben, wartet auf Vater
und Sohn hierzulande die erste große Enttäuschung. Die
Freundschaftsgefühle des schwäbischen Postwertzeichen-
Liebhabers, so wird innerhalb Minuten klar, enden jenseits
der gezackten Objekte seiner Begierde abrupt. Schließlich
stranden Vater und Sohn beim Evangelischen Hilfswerk.
Dort gibt es Arbeit, Brot und sogar Lohn – die Chance, das
erforderliche Geld zu verdienen, um die übrige Familie endlich vollzählig in Württemberg versammeln zu können.

Am 20. Juni 1948, dem Tag der Währungsreform, stellen sich mein Vater und sein Sohn Nikolaus für das ihnen
zustehende Kopfgeld von insgesamt 60 D-Mark in der zuständigen Behörde an. Zufällig stoßen sie in der Warte-
schlange auf den einstigen Briefmarkensammlerfreund:
»Herr Backes, jetzt sind wir alle gleich!«, ruft er ihm zu.
Noch am selben Tag sind die Schaufenster seines Ladenge-
schäftes wieder prall gefüllt.

Am 1. September 1948, noch keine zwei Jahre alt, werde
ich im Kinderwagen über die für uns nur illegal passierbare
Grenze nach Deutschland geschoben: Ich hätte beim Verlassen meines Geburtslandes, so ist überliefert, lauthals ge-
brüllt.

Enttäuschte Erwartungen

Peng! Die Lebensdauer meines allerersten Luftballons, von meinem Bruder Werner für mich stolz auf dem Gaildorfer Pferdemarkt erworben, endet bereits nach wenigen Minuten. Irgendein Idiot hatte in unguter Absicht seine Zigarette an ihm ausgedrückt. Als die Tränen seines kleinen Bruders nicht enden wollen, bettelt Werner die Eltern um die Freigabe weiterer Groschen an. Ballon Nummer zwei wird erworben und kommt tatsächlich unversehrt zu Hause an. Dort wiederum möchte nun Werner seinen damals schon überdurchschnittlichen naturwissenschaftlichen Neigungen Raum geben. Den Hausschlüssel am Bändel, versetzt er den Ballon im Hof des Schulhauses in einen Schwebezustand, bis sich der Knoten löst und Ballon Nummer zwei sich unter dem Gekreische des kleinen Bruders in den schwäbischen Himmel verabschiedet.

Auch das Folgende gehört zu meinen frühesten Kindheitserinnerungen: Heinrich, Nikolaus und Günther streiten sich unerbittlich um eine Dose Heringe in Tomatensauce. Österreich haben sie hinter sich gelassen, der Hunger aber ist mitgereist. Auch in dem kleinen Dorf Unterrot im Schwäbischen Wald bleibt die Not für die Backes-Familie erst einmal allgegenwärtig. Eine Familie mit sechs Söhnen, die Mehrzahl in der Pubertät. Auf sie hat hier offenbar niemand gewartet. Flüchtlinge gibt es ohnehin genug.

Damals 1939, als sie ebenfalls bar jeder Habe aus Rumänien nach Österreich geflüchtet waren, war es ihnen noch
leichtgefallen, sich der Illusion einer optimistischen Aufbruchstimmung hinzugeben. Jetzt, keine zehn Jahre später,
scheint es ihnen nicht mehr so recht zu gelingen, sich mit
der neuen Heimat anzufreunden – und der neuen Heimat
nicht mit ihnen.

Doch es gibt auch Ausnahmen: Das kinderlose Ehepaar
Wuschkow, Inhaber eines Textilgeschäftes in Stuttgart, war
nach den schweren Bombenangriffen von 1944 nach Unterrot evakuiert worden. Als sie die Not der Flüchtlingsfamilie
mit den sechs Buben sahen, konnten die beiden das offenbar nicht einfach ignorieren. Aus den Resten ihres Stuttgarter Warenlagers versorgten sie uns fortan mit Bettwäsche,
Handtüchern und mehr. Als die größte Not vorüber war,
waren sie längst zu festen Freunden geworden. Sie blieben
es für den Rest ihres Lebens.

»Wir brauchen einen evangelisch ausgebildeten, würt-
tembergisch qualifizierten Lehrer«, sagt der Bürgermeister
der Gemeinde Unterrot, als sich mein Vater vor Amtsantritt
bei ihm vorstellt. Da wechselt der Mann, der beinahe katholischer Geistlicher geworden wäre, kurzerhand zum Protes-
tantismus – und meine Brüder und ich, allesamt katholisch
getauft, werden ungefragt gleich mitkonvertiert.

Unübersehbar, wie die ewigen Ortswechsel, die wieder-
holten Fluchten, insbesondere bei meinen Brüdern ihre
Spuren hinterlassen haben. Nach den chaotischen Zustän-
den bei Kriegsende in Österreich ist an eine nahtlose Fort-
setzung des Schulbesuchs hierzulande nicht zu denken.
Den Ältesten zieht es ohnehin in die Steiermark zurück.
Dort wartet, wie sich später herausstellt, noch immer eine
Sonja auf den inzwischen achtzehnjährigen Heinrich. Mit

einer alten Reiseschreibmaschine der Marke Olympia vermeintlich gut gerüstet macht er sich auf die Reise nach Graz, um dort als Journalist – oder noch besser als Schriftsteller – ein neues Leben zu beginnen. Der Versuch endet kläglich. Ewald, der Zweitälteste, will der Familie nicht mehr auf der ohnehin schon chronisch leeren Tasche liegen und verabschiedet sich als Bergarbeiter ins Ruhrgebiet. Für Günther und Werner versucht man, Plätze im Aufbauseminar in Künzelsau zu finden.

Bliebe noch Nikolaus, der längst die Rolle des Schwarzen Schafes in der Familie zugewiesen bekommen hat und sie auch wirklich talentiert ausfüllt. Insbesondere der Dauerkonflikt mit meinem Vater verfolgte ihn bis ins Grab. Als man die Fortsetzung der Schulbildung im Gaildorfer Gymnasium versucht, ist die Katastrophe schon vorprogrammiert. Was er an Erlerntem mitbringt, kann mit qualifizierten württembergischen Standards nicht mithalten. »Ein Nichtschwimmer in der mathematischen Pfütze« sei er, sagte der Rektor und legte darüber hinaus eine in kurzer Zeit gefüllte lange Liste von Provokationen und Disziplinlosigkeiten vor. Die württembergische Schulkarriere meines Bruders Nikolaus endete schon wieder, noch bevor sie richtig begonnen hatte …

Ich selbst hatte bei all dem die Rolle eines Zaungastes, der überhaupt nicht begreift, was da geschieht. Ich spürte aber die Spannungen. Und ich litt mit: Ein verhinderter Schriftsteller, ein Bergarbeiter irgendwo im Ruhrgebiet und dann auch noch die Sache mit Günther, der sich plötzlich nicht mehr für einen künftigen Lehrer, sondern für einen begnadeten Schauspieler hält. Von Nikolaus gar nicht zu reden … Die Sorge um die Brut entwickelt sich in der Backes-Familie dieser Zeit zum steten Begleiter. Mein Vater reagiert darauf

Der Schüchterne. Ich, hier 1954 im Alter von acht Jahren.

oft autoritär und aufbrausend, meine Mutter mit Langmut und unerschütterlichem Optimismus. Zum Glück bleiben noch als Hoffnungsträger die Söhne Nummer fünf und sechs. Die werden sicher etwas Ordentliches werden, vielleicht sogar Lehrer.

Fast ein Schulversager

»Wieland stört durch seine lebhafte Art die Mitschüler beim Unterricht. Seine spielerische Grundhaltung sollte allmählich in eine konsequente Arbeitshaltung übergehen.« So steht es unauslöschlich in meinem Zeugnis der 1. Klasse der Volksschule in Oberbrüden. Und der Leiter dieser Schule hieß unglücklicherweise Heinrich Backes, mein Vater.

Oberbrüden im Kreis Backnang. Auf die Schulleiterstelle in diesem Tausendseelendorf hatte er sich 1950 erfolgreich beworben – ein eher ärmlicher Flecken, keine asphaltierte Durchgangsstraße, umringt von bäuerlichem Kleinbesitz, überwiegend Obstbaumwiesen und Wälder. Unter vorgehaltener Hand kursierte in den Nachbardörfern die Behauptung, die Oberbrüdener hätten noch bis vor wenigen Jahrzehnten überwiegend vom Holz- und Wilddiebstahl gelebt.

Die nicht gerade schmeichelhafte Würdigung meines Schulverhaltens im Zeugnis kam von zwei Lehramtspraktikantinnen, die angesichts der kriegsbedingten Personalnot gleich als reguläre Lehrkräfte eingesetzt wurden. Sie hatten ein Zimmer in einer – ich kann es nicht anders ausdrücken – Bruchbude, die auch die Dienstwohnung für den Schulleiter und seine Familie beherbergte. Außerdem gab es in diesem umgebauten Bauernhaus, dünnwandig abgetrennt, auch eine Notwohnung für eine Kriegerwitwe mit zwei Kindern und ihrem neu dazu gestoßenen Liebhaber aus Ostpreußen sowie auf dem Dachboden eine provisorische Unterkunft für eine alleinerziehende Mutter aus prekären Verhältnissen mit ihren zwei heranwachsenden Söhnen. Mit all diesen Menschen teilten wir eine Toilette ohne Wasserspülung und ein gerüttelt Maß an permanenten Spannungen. »Gute Nacht, Onkel Paul«, rief ich, von diesen Konflikten völlig unbelastet, beim Zubettgehen allabendlich durch die verschlossene Tür dem nachbarlichen Liebhaber zu und freute mich jedes Mal über ein Echo von der anderen Seite.

Das Dorf meiner Kindheit. In dem baufälligen Fachwerkhaus hinter der Kirche wohnten wir von 1950–1962.

Unter den Dorfkindern hatte ich es schwer: Flüchtling, der Sohn vom Lehrer und dann auch noch dieses völlig unverständliche Hochdeutsch ... In einer Kapelle der Methodisten außerhalb des Ortes war gerade ein provisorischer Kindergarten eingerichtet worden. Die fünfhundert Meter Fußweg über die Wiesen und den Bach waren an sich idyllisch, für mich jedoch ein tägliches Martyrium: Insbesondere die Dümmeren unter den Großen hatten mich offenbar für ihre Zwecke auserkoren. Den Neuen kurz mal bis übers Knie in den Bach schubsen, mit Boxhieben malträtieren oder – man spürte die Anregungen von zu Hause – ihm vor dem Rathaus drohen: »Ich zeig' Dich an.« Welcher Untaten ich bezichtigt werden sollte, ließen sie dabei freilich im Unklaren. Das war eine Zeit lang das fast tägliche, angsteinflößende Ritual. Keiner der anderen schien so gut zum Opfer zu taugen wie ich.

Ich blieb es glücklicherweise nicht auf Dauer. Meine Brüder, soweit noch anwesend, hatten zwar auch ihren Kummer, aber sie waren eben definitiv größer als ich und passten, zumindest wenn es elterlicherseits eingefordert wurde, auch mal auf mich auf. So durfte ich eines Tages mit Winnetou und Old Shatterhand auf einen Streifzug durch die Prärien und Forste des Apachenlandes ziehen. Winnetou – bürgerlich mein Bruder Werner – und Old Shatterhand, verkörpert durch Martin, den jüngsten Sohn des Ortspfarrers. Das Reservat: die Wiesen und Wälder auf den Bergen um Oberbrüden. Eine wirklich aufregende Angelegenheit, insbesondere für mich, das Greenhorn.

Zu aufregend offenbar, denn der kleinste der Indianer machte sich noch vor der Rückkehr in die Zivilisation völlig unangemeldet und im wahrsten Sinne des Wortes in die Hose. Ich weiß nicht mehr, ob Werner, die leitende Rothaut, nun erst einmal ein ratloses »Uff, uff!« ausgestoßen hat. Auf jeden Fall entledigten mich die beiden Blutsbrüder beherzt des unangenehm befüllten Kleidungsstückes und vergruben es rituell an Ort und Stelle. Den Delinquenten selbst beförderten sie spontan zur indianischen Führungskraft. Sein neuer Name: Häuptling Verschissene Hose. Ich will das Ereignis nicht überbewerten. Aber vielleicht hatte es für mich doch die Urkraft eines Inaugurationsritus. Denn ich dachte künftig keineswegs mehr daran, mich in unserem Dorf mit der Rolle des demütigen Dulders abzufinden.

Als mein Bruder aufs Internat wechselte, wurde die Rolle des Winnetou frei, und ich selbst führte jetzt einen Indianerstamm beträchtlicher Größe durch die örtlichen Flure und Wälder. Allerdings handelte es sich – bei Licht besehen – wohl eher um eine Gurkentruppe. Denn als ich eines Tages von einem kurzen Spähgang mit einigen Vertrauten zurückkehrte, hatte der Rest meines Stammes bereits den Aufstand ausgerufen und mich als Häuptling kurzerhand abgesetzt.

Aber zum Glück gab es ja noch ihn, Eduard Tröster. Bis vor Kurzem hatte er noch in einer der vielen Lederfabriken der Kreisstadt gearbeitet, in Backnang, der süddeutschen Gerberstadt, wie auf dem Ortschild bedeutungsheischend vermerkt ist. Kein schöner Arbeitsplatz: stinkend, nass, zugig. Eduard Tröster war in der Not trotz allem froh, ihn gefunden zu haben. Doch dann kam die Sache mit der Netzhautablösung. Viel trennte ihn nicht mehr von der Erblindung. Arbeiten solle er besser nicht mehr, sagte der Arzt.

Der Mann aus dem Sudetenland, etwa Mitte 50 und noch immer den Russlandfeldzug traumatisch im Kopf und in den Knochen, hat jetzt für seinen kleinen Nachbarn vor allem eines: Zeit, sehr viel Zeit. Eigentlich sollte ich bei

Trösters nur einen Hausschlüssel für die Brüder deponieren. Aber jetzt sitze ich schon geraume Zeit in der winzigen Notwohnung, die im Parterre des maroden Rathauses ihm samt Frau und Tochter zurechtgezimmert worden ist – Küche, Wohnzimmer, Bad und Schlafplatz in einem – und Herr Tröster erzählt und erzählt, meistens vom Krieg oder vom Sudetenland. Mit meinem ewigen Nachfragen weiten sich die Themenbereiche, wir reden jetzt im wahrsten Sinne über Gott und die Welt, stundenlang.

Immer, wenn ich ihn treffe, hellt sich das knitze Gesicht hinter der dickwandigen Nickelbrille sichtbar auf: Na, wieder Fragen? Natürlich. Die Intelligenz für den Besuch einer höheren Schule hätte er zweifellos mitgebracht. Doch seine Eltern meinten, Schlosser müsse genügen. Dann kam der Krieg.

»Willst Du vielleicht mitkommen?« Herr Tröster, wie ich ihn noch immer respektvoll, aber mit Du anspreche, ist jetzt viel im Wald unterwegs: Beeren, Pilze, Holz, alles Verwertbare aus der Natur ist ein kleiner Beitrag zur Existenzsicherung. Er entpuppt sich für mich auch in dieser Hinsicht als außerordentlich lohnender Kontakt. Er weiß, wo Waldbeeren massenhaft gedeihen. Er kennt die Standplätze der Pilze von Pfifferling bis Steinpilz. Und wenn ich noch heute einen Wiesenchampignon todsicher von einem Knollenblätterpilz unterscheiden kann, dann ist es sein Verdienst – unter anderen. »Wenn ich groß bin, hole ich Dich mit meinem Porsche ab«, verspreche ich und glaube fest daran. Eduard Tröster stirbt nur wenige Jahre später.

Schulleiter Backes hat sich für die alljährliche Einschulung der Erstklässler etwas einfallen lassen. Er verwandelt an diesem ersten Tag mit seinen Kollegen die riesige Kastanie, die sich direkt vor dem Schulhaus erhebt, in einen

Tütenbaum, für alle gleich bestückt mit den Schultüten, die jetzt wie reife Früchte von einer Bockleiter aus abgeschnitten werden. Unter den Empfängern ist 1953 auch sein Sohn Wieland. Wenn Schulleiter Backes damals an die Zukunft seines eigenen Kindes dachte, dürfte er eher gemischte Gefühle entwickelt haben, denn der Kleine hat zwar viel im Kopf, nur nicht das, was ihn als vorzeigbaren Schüler qualifizieren würde. Spielen, spielen, spielen. Nach dem Mittagessen, wenn nicht zu Nachbar Tröster, dann sofort durch das Tal und in die Wälder. Oft weiß keiner, wo sich der Bub eigentlich gerade herumtreibt. Angesichts der allgegenwärtigen Langeweile im Dorf war es fast lebensnotwendig, sich als Kind selbst etwas einfallen zu lassen. »Der Junge hat Phantasie« hieß es bald. – Aber die Schule …?

Unterricht beim strengen Vater – zum Glück nur zwei Stunden pro Woche. Ich in der zweiten Reihe.

Der männliche Nachfolger der Lehramtspraktikantinnen setzt jetzt zur Untermauerung seiner Disziplinkriterien nicht selten den Rohrstock ein, was auch den Klassenclown sichtlich introvertierter werden lässt. Seine katastrophale Schrift und seine völlig indiskutable Qualität der Heftführung bleiben davon allerdings unberührt. Nur in Heimatkunde glänzt er durch lebhafte Mitarbeit, teils aufgrund der Selbsterfahrung in der Natur, teils mit dem aus dem Lehrerhaushalt mitgebrachten Wissensvorsprung.

»Sollen wir ihn wirklich auf eine höhere Schule schicken?« Die Frage, die meine pädagogisch erfahrene Mutter an meinen Vater richtet, ist alles andere als nur rhetorisch gemeint. Sie war ja selbst viele Jahre praktizierende Lehrerin gewesen und gerade dabei, an einem Tabu zu rütteln: Sie wollte wieder ihren Beruf ausüben – und das als Ehefrau eines Mannes, der doch selbst schon im Schuldienst war. Musste da die Ehefrau und Mutter wirklich auch noch berufstätig sein? In der öffentlichen Meinung der 50er-Jahre unvorstellbar. Und tatsächlich: Sie bewirbt sich im nur zwei Kilometer entfernten Nachbardorf Unterbrüden. Beim Vorstellungsgespräch empfängt sie der alteingesessene amtierende Schulleiter vielsagend verhalten. Zu Hause erreichen sie anonyme Schmähbriefe. Wochenlang scheint es so, als könne sie der dauerhaften Missgunst der Dorfbevölkerung sicher sein. »Die soll doch erst einmal ihre eigenen Burschen erziehen …« Als sie sich wenig später dem zu erwartenden Spießrutenlauf stellt, bricht die feindselige Volksstimmung förmlich in sich zusammen. Am Elternabend können sich schließlich auch die schlimmsten Feinde dieser Frau einfach nicht entziehen: ihrer Begeisterung und Leidenschaft für den Lehrerberuf, der Wärme und Zuneigung für die ihr anvertrauten Schülerinnen und Schüler.

Vor ihr lagen jetzt noch fast zwei Jahrzehnte beruflichen Glücks.

Nur, was wird aus dem Kleinen zu Hause? Die Eltern kommen überein, er soll erst mal die fünfte Volksschulklasse hinter sich bringen. Dann wird man schon sehen. Als das Jahr verstrichen ist, schickt man den Wackelkandidaten, von der Mutter nach bestem Wissen konditioniert, zur gymnasialen Aufnahmeprüfung in die Kreisstadt. Nach der schriftlichen Prüfung wird der Kandidat leider auch noch ins Mündliche zitiert. Es sei knapp gewesen, erfahren meine Eltern aus Lehrerkreisen. »Stell Dich darauf ein«, sagt mein Vater, »jetzt beginnt ein anderes Leben für Dich.« Das war, glaube ich, nicht nur nett gemeint.

Bessere Zeiten?

»Bist Du noch da?«, ruft mein Vater und wendet seinen mit einer Lederhaube bedeckten Kopf leicht nach hinten. Hinten sitze ich – auf dem Rücksitz des Motorrollers bibbernd vor Kälte und vor Aufregung, den Haltegriff fest umschlungen. Und ganz hinten auf dem kleinen Gepäckträger ist es mit einer verlässlichen Schnur sorgsam festgezurrt: Mein erstes größeres Weihnachtsgeschenk. Bei Spielwaren Maier in Backnang hatte ich es mir selbst aussuchen dürfen, ein – ich weiß auch nicht, wie es zu dieser Wahl kam – rosafarbener Kinderkaufladen. In vorfestlicher Stimmung hatte das Familienoberhaupt entschieden: Das können wir uns jetzt leisten.

Allenthalben war es längst spürbar geworden: Es geht bergauf. Bereits vor meiner Einschulung hatte das an Fahrt aufgenommen, was man wenig später das Wirtschaftswunder nennen sollte.

Der erste auffällige Indikator: Es gibt im Hause Backes jetzt täglich eine Kaffeestunde mit echtem Bohnenkaffee. Angesichts der chronischen Hypotonie meines Vaters eine elementar wichtige Errungenschaft. Bis zum Ende seiner Tage wird er es sich nicht nehmen lassen, den Filterkaffee höchstpersönlich zuzubereiten – er, der sich ansonsten in der Küche eher selten sehen ließ.

Nach den schweren Entbehrungen der Kriegs- und Nachkriegszeit verfiel die Nation mehr und mehr dem Reiz des Materiellen. So auch mein Sorgenbruder Nikolaus. Nach dem Schulrauswurf verdingt er sich erst einmal als Hilfsarbeiter in einer Garnspinnerei in der Kreisstadt. Als er, gerade siebzehn, seinen ersten Lohn ausgezahlt bekommt, legt er noch am selben Tag den überschaubaren Betrag dem örtlichen Zweiradhändler auf den Tisch: Die Anzahlung für einen wirklich schicken Motorroller vom Typ NSU-Lambretta. Als mein Vater davon erfährt, ist ihm schlagartig klar, dass bis zum Eigentum noch 36 Monatsraten vor dem mutigen Erwerber liegen. Drei Tage wackeln im Hause Backes die Wände: Dann entschließt sich der Vater aus Gründen der dörflichen Gesichtswahrung zähneknirschend, selbst in den Vertrag einzutreten. So kam in Gestalt dieser Lambretta unerwartet das erste Motorfahrzeug in unser Haus. Fortan sollte mein Vater sonntäglich damit in irgendwelche anderen Dörfer entschwinden, um seine Fußballbegeisterung als Schiedsrichter auszuleben. Gelegentlich fuhren wir auch zu dritt los: Der Vater am Lenker, die Mutter hinten drauf und ich – meist geplagt von eingeschlafenen Beinen und nicht zu unterschätzenden Todesängsten – vorne auf dem Trittbrett stehend.

Das »Wunder von Bern«, die siegreiche Fußballweltmeisterschaft 1954 war es, die mich mit einem weiteren Indikator des Fortschritts in Berührung bringen sollte. Im völlig überfüllten Saal des Gasthauses zum Rössle ist etwas erhöht ein winzig kleines Fernsehgerät aufgestellt. Beim Endspiel gegen Ungarn suche ich durch dichte Rauschschwaden hindurch die Blickverbindung zum Empfänger und sehe so gut wie nichts. Meine Erinnerung an den überraschend glücklichen Verlauf des Finales nährt sich daher eher aus dem akustischen Gebaren der euphorisierten Dorfbevölkerung.

Aber mein Vater, der wohl mehr gesehen hatte als ich, war neben dem Gefühl, endlich mal wieder zu den Siegern zu gehören, auch in einer Kaufentscheidung deutlich vorangekommen. Wenige Monate später wurden wir selbst Besitzer eines Fernsehgerätes, übrigens ein ausgesprochen luxuriöses Möbel der Marke Saba, das sich beim Öffnen der beiden Türflügel selbst einschaltete und für das Wohnzimmer mit Polstergarnitur und obligatem Nierentisch eine spürbare Aufwertung darstellte. Ich selbst wurde von dem Gerät weitgehend ferngehalten – zumindest war das der feste Vorsatz meiner Eltern. 1955 der erste Fernseher, 1956 das erste Auto, 1957 die erste Urlaubsreise, 1962 ein eigenes Haus. Alle Sorgen los? Alle glücklich?

An Silvester 1957 finden sich auch die älteren unter meinen Brüdern wieder mal zu Hause ein. Der 31. Dezember ist auch der Geburtstag meiner Mutter. 51 Jahre wird sie heute. Sie hat ihren legendären Mohnstrudel gebacken, zum Abendessen gibt es Schinkenröllchen und Fliegenpilze, also gekochte Eier mit einer mayonnaisebetupften Tomatenhaube. Bruder Günther, inzwischen nach trotzigem Kampf endlich auf der Schauspielschule, hat gleich ein paar seiner neuen Freunde mitgebracht. Die Eltern spendieren etliche Flaschen Niersteiner Domtal, einen nach heutigen Maßstäben eher ungenießbaren Rebensaft, über dessen siruppartiges Naturell das Etikett mit dem Zusatz »Riesling« offenbar hinwegtäuschen sollte.

Um Mitternacht formiert sich eine lange Polonaise durch das ganze Haus. Alle tanzen, ausgelassen wie nie. Ein Gefühl steht förmlich im Raum: Jetzt haben wir sie endgültig überwunden, abgeschüttelt, die Nachwehen von Krieg und Not. Sie sind, so scheint es, jetzt endlich Geschichte.

Coming-out eines Hinterwäldlers

»Na, was ist mit Dir, Du Dorfmensch?« Der Französischlehrer, der von irgendwo aus dem Südosten Europas stammte, hatte einen speziellen Namen für mich: Ich war für ihn der Dorfmensch. Dabei dachte ich, mit dem Eintritt ins Gymnasium meine hinterwäldlerische Herkunft mindestens neun Kilometer hinter mir gelassen zu haben. Ich ließ es mir kaum anmerken, aber der wenig feinfühlige Pädagoge setzte mir zu, fast genauso sehr wie die selbstbewussten Mitschüler aus der Stadt, die von dem unseligen Spitznamen ebenfalls gerne Gebrauch machten. Zu meiner Überraschung wurde ich dann doch einmal zu einem Geburtstag eingeladen und schüttete prompt die volle Kakaotasse über das vor Kurzem noch unbefleckt weiße Tischtuch. Typisch tollpatschiger Dorfmensch.

Noch heute frage ich mich, was schließlich die Wende brachte, die Umkehr meines hoffnungslosen Standings in der Klassenhierarchie. Etwas peinlich ist mir in diesem Zusammenhang noch immer die Erwähnung des Micky-Maus-Klubs (wirklich mit »K« geschrieben), dessen Backnanger Ortsgruppe ich angehörte. Eigentlich handelte es sich bei diesem Klub um eine völlig durchsichtige PR-Aktion des Ehapa-Verlags, der die deutsche Version der gleichnamigen Comic-Hefte herausgab. Für mich völlig überraschend werde ich von einigen Mitschülern zum Gründungstreffen des Klubs eingeladen. »Micky Mäuse helfen gern«, lautet der vorgegebene Slogan, verbunden mit der Anregung, einen Kummerkasten an einem markanten öffentlichen Ort zu installieren. Mit gemischten Gefühlen nehme ich an der ersten Klubsitzung teil und ergreife sogar gelegentlich das Wort. Als ich gegen Ende des Treffens zu meiner Verblüffung gefragt werde, ob ich nicht den Vorsitz übernehmen will, verstehe ich die Welt nicht mehr. Die Bilanz des Klubs blieb übrigens, trotz meiner dynamischen Ausübung des Vorstandsamtes, eher bescheiden.

Der Kummerkasten wurde zwar an einem exponierten Ort aufgestellt, erwies sich aber mangels ernstzunehmenden eingeworfenen Kummers als naiver Fehlversuch. Kaum ins Leben gerufen, entschlief der erste MMK der »Süddeutschen Gerberstadt« bereits nach wenigen Wochen sanft und folgenlos. Nur eines hatte sich geändert: meine Rolle. Ich fand heraus, dass gemeinsame Niederlagen verbinden. Wir, die fünf Klubveteranen, waren jetzt schon so etwas wie unzertrennliche Freunde.

Mein endgültiger Durchbruch kam bei der nächsten von mir angezettelten Aktion: »Wir könnten doch an Pfingsten eine Radtour unternehmen, nicht nur so eine kleine Ausfahrt, sondern richtig mit Zelt und Esbit-Kocher – vielleicht bis ins Rheinland, bis zur Loreley zum Beispiel, mindestens eine Woche …?« Ich halte das für eine unglaublich gute Idee. Rundum Begeisterung. Vier überzeugte Freunde lassen nicht den geringsten Zweifel daran: »Das machen wir!«

Der Beschluss überdauert nicht einmal 24 Stunden. Nach elterlicher Rücksprache verweigern erwartungsgemäß sämtliche Erziehungsberechtigten unumstößlich ihr Placet. Ich aber habe eine weitere zündende Idee. Mein Bruder Werner studiert damals schon in Stuttgart. Ich könnte ihn doch einfach fragen, ob er als Sicherheitsgarant mitradeln würde. Und tatsächlich: Er ließ sich erweichen. Für die Elternschaft wandelte sich unser Plan damit schlagartig in eine höchst vertrauenswürdige Unternehmung. Heute weiß ich, wären wir ohne meinen Bruder losgefahren, das Unheil hätte spätestens ab einer Ortschaft namens Dossenheim unaufhaltsam seinen Lauf genommen. Als wir dort von der Bergstraße in Richtung Odenwald abbiegen, begleitet uns noch der optimistisch stimmende Ruf eines Kuckucks. Aber am Himmel verdichten sie sich schon, die rabenschwarzen Gewitterwolken, die uns wenige Minuten später zu wasserdurchtränkten Rittern der traurigen Gestalt mutieren lassen. Es gießt wirklich gnadenlos. »Wir müssen jetzt schnell eine Stelle zum Zelten finden!«, ruft Werner, der von meinen Freunden schon bald nur noch als »Boss« angesprochen wird und auch in diesem Fall einhellige Zustimmung erntet.

In meiner Erinnerung sind es Stunden, die wir unsere vollbepackten Räder bergaufschieben, bis wir am Rande eines Waldwegs eine einigermaßen brauchbare freie Fläche ausmachen. Alles ist triefend nass, nicht nur wir selbst, sondern auch das Zelt, die Schlafsäcke, der mitgebrachte Essensvorrat. Eine halbe Stunde später sitzen wir im offenen Zelt und teilen uns zitternd zwei Dosen Eier-Ravioli in Tomatensoße – kalt. Die nasse Nacht ist ungemütlich und von sarkastischen Sprüchen begleitet. Am Morgen weckt uns der Ruf eines Kuckucks. Durch die Odenwaldtannen brechen die ersten Sonnenstrahlen und wir Freunde sind uns nach der durchgestandenen Nacht im klammen Zelt noch ein Stück nähergekommen.

Trotz oder wegen Bruder Werner: Bis zum Loreley-Felsen sind wir auf unserer Tour dann doch nicht vorgedrungen. Mitten auf der Mainzer Rheinbrücke stoßen zwei gleichermaßen willensstarke Charaktere aufeinander, mein Bruder und ich: weiter rheinabwärts oder umkehren? Der Showdown endet erwartungsgemäß.

Die erfolgreiche Radtour hat Folgen. Werner, der Boss, genießt die Anerkennung und das Stück nachgeholte Jugend, aber auch der Ruf seines kleinen Bruders verändert sich merklich: Ich gelte jetzt als einer, der etwas auf die Beine stellen kann. Als richtiger Macher.

Die Neue und die Folgen

Zu Beginn des Schuljahrs 1962 steht sie plötzlich im Klassenzimmer: Kurzhaarschnitt, Brille, schon etwas burschikos. Sie kommt aus einer anderen Welt. Die lag vor Jütland in der Nordsee. Nie zuvor hatte ich etwas von Wyk auf Föhr gehört. Aber auf diesem winzigen Eiland war sie bis vor Kurzem zur Schule gegangen – 860 Kilometer von zu Hause weg. Es war nicht ihr erster Privatschulversuch.

Gaby unterscheidet sich deutlich von den anderen Mädchen in der Klasse, die sich mehrheitlich auf ihre Miniröcke und ihre hochtoupierten Betonfrisuren zu konzentrieren scheinen. Sie ist eher der Typ Kumpel, die Frau zum Pferdestehlen – einer Tiergattung, die ihr aus dem heimischen Umfeld bestens vertraut ist, denn Gaby ist ein betuchtes Fabrikantentöchterchen.

Die Feinlederfabrik Hodum befindet sich seit ihrer Gründung 1869 kontinuierlich in Familienbesitz. Gabys promovierter Vater, der jetzt die Geschäfte führt, hat die Erbin geheiratet und der Angetrauten mit diesem Schritt offenbar gleich auch ein akademisches Upgrading verschafft. »Die Frau Doktor kommt gleich«, sagt das Hausmädchen, als mich Gaby zum ersten Mal zu sich nach Hause schleift. Jetzt sitze ich in der herrschaftlichen Familienvilla vor dem ersten Rumpsteak meines Lebens, das gleichzeitig – ich muss das erwähnen – auch das bis heute zäheste Rumpsteak meines

Lebens geblieben ist. Inzwischen ist auch der Herr Doktor eingetroffen. Während ich versuche, die sehnige Masse in meinem Mund unter Kontrolle zu bringen, beginnt die Konversation. »Der Wieland interessiert sich sehr für Film«, leitet Gaby ein, was den Vater, voll im Wirtschaftswunderrausch, zu einem Bekenntnis verleitet, das er im selben Moment vielleicht schon wieder bereut haben mag: Er sei Besitzer einer sehr teuren, sehr professionellen Bolex-Doppelacht-Schmalfilmkamera, leider komme er so selten dazu, sie zu benutzen. »Aber wir können das! Wir wollen einen Film drehen. Leihst Du sie uns?« Mit geschlossenem Mund unterstütze ich den Entscheidungsprozess durch vehementes Kopfnicken, aber das weichgelächelte Vaterherz hat bereits entschieden.

Was in dieser Situation weder der Herr Doktor noch Gaby noch ich selber auch nur entfernt ahnten: In der überraschenden Möglichkeit, einen eigenen Film drehen zu können, lag die erste Chance, sich in einem Metier zu versuchen, das für meinen späteren Lebensweg prägend werden sollte.

Mein Drehbuch bestand aus drei Schreibmaschinenseiten. Zum ersten Treffen der kurzfristig zusammengestellten Filmgruppe sollte eigentlich noch offen sein, welche Art Film wir drehen wollten. Doch außer mir hatte sich offenbar niemand etwas ausgedacht, und so konnte sich mein schmales Drehbuch ziemlich leicht durchsetzen. Selber vor die Kamera wollte ich nicht, aber Regie führen, das schon, unterstützt von Gaby. Und der Titel stand auch schon fest: »Die letzte Zigarette«. Entsprechend meiner damaligen Verfassung konnte es sich nur um eine hochmoralische Liebesgeschichte handeln. Zwei Paare stehen sich in diesem Frühwerk gegenüber: Das mindestens so romantische wie moralische Liebespaar Brigitte und Michael – natürlich Nichtraucher. Und als Ge-

Pubertäres Klassenbild: Vier Klassenkameraden
demonstrieren ihre unverbrüchliche Freundschaft durch
einen umgelegten Schal. Letzte Reihe rechts: Christian,
Werner, Roman und ich. Direkt davor mit Brille: »Die
Neue«, Gaby, die Unternehmertochter.

genpart Sybille und Volker, konsumgierig, hedonistisch – erwartungsgemäß starker Zigarettenkonsum.

Meine besten Freunde Roman und Christian bekommen
die männlichen Hauptrollen. Mit den Hübschesten aus der
Minirock-Armada besetzen wir die Frauenfiguren. An Sta-
tisten herrscht ohnehin kein Mangel. Gedreht wird jetzt im
Klassenzimmer und auf Backnangs Straßen. Auch der Party-
keller im neuerbauten Haus der Familie Backes darf dank
der Großzügigkeit meiner Eltern für die allerdings nur an-
deutungsweise ausschweifenden Feierszenen herhalten.

Und dann wagt die Filmcrew sogar noch den Sprung in

den Dschungel der Großstadt. Zielstrebig werden die »Vereinten Hüttenwerke«, das Nachkriegsrotlichtviertel Stuttgarts, aufgesucht. Aus rein filmkünstlerischen Gründen, versteht sich, finden sich doch hier reichlich Motive zur Visualisierung der darzustellenden Abgründe.

Eine technische Kleinigkeit hatten wir allerdings bei unserem Filmprojekt übersehen. Wir waren im festen Glauben, ein parallel zur Kamera mitlaufendes Tonbandgerät würde uns ganz selbstverständliche exakt lippensynchron vertonte Filmsequenzen liefern. In Wirklichkeit liefen Film und Ton aber meist um etliche Sekunden zeitversetzt auseinander. Fatal! Unmöglich, so etwas in der Öffentlichkeit vorzuführen. Schon steht das vorzeitige Ende des Projekts im Raum, bis uns die rettende Idee kommt: Wir verwandeln das Ganze in eine Filmerzählung mit aufgesprochenem Kommentar.

Wir waren wirklich mehr als stolz. Im schönsten Kino Backnangs fand schließlich unter Anteilnahme von mindestens der halben Schule inklusive großer Teile des Lehrerkollegiums die Uraufführung statt. Einer unserer Kumpel hatte für die richtige Connection gesorgt. Glücklicherweise war er im Universum Filmtheater nebenbei als Vorführer und Kartenabreißer tätig.

Die Vorführung gelingt ohne Panne. Nach gut zwanzig Minuten, die letzte Szene: Eine brennende Zigarette wird weggeworfen und symbolträchtig von dem geläuterten Konsumliebhaber ausgetreten. Frenetischer Beifall. Neben anderen Gratulanten schießt jetzt der Klassenlehrer auf mich zu, schüttelt mir die Hand und erklärt, die Montage der Aufnahmen aus dem Rotlichtviertel erinnere ihn an den Film »Hiroshima mon Amour«. Die Backnanger Zeitung schreibt am nächsten Tag in seherischer Vorwegnahme: »Dieser junge Mann wird noch von sich reden machen.«

Das andere Geschlecht

Zu den auffälligsten Defiziten meiner Herkunftsfamilie zählte vor allem eines: Die krasse Unterbesetzung mit Mitgliedern des weiblichen Geschlechts. Einem Vater und sechs Söhnen stand lediglich eine einzige Frau gegenüber, meine Mutter. Dass sie von der versammelten Männlichkeit um sie herum hochverehrt wurde, lag natürlich überwiegend in ihrem wunderbaren Wesen begründet, aber – bei nüchterner Betrachtung – auch ein wenig in besagtem Alleinstellungsmerkmal.

Frauen waren auch für mich – von klein auf – etwas Kostbares und umso kostbarer, je unerreichbarer sie schienen. Das galt auch für Ursula, mit der ich die Grundschulklassen eins bis vier teilte. Ursula war gescheit und fleißig, hatte blondes Haar. Sie war so etwas wie die Klassenprima und ich einigermaßen hingerissen. Wenn ich sie anschaute – und ich nutzte praktisch jede Gelegenheit dazu – zerfloss ich förmlich, insbesondere, wenn sie auch noch erkennbar zurücklächelte. Wann immer ich konnte, suchte ich ihre Nähe, lieh ihr beim verregneten Wandertag meinen brandneuen Anorak und bot ihr in der Pause vom bereits erwähnten fabelhaften Mohnstrudel meiner Mutter an. Jedes Mal erntete ich höflichen Dank – aber das war es dann auch schon. Da half alles Schwärmen und Träumen nichts. Ein Jahr vor mir entschwand sie leistungsgerecht in eine höhere Schule.

Als ich ihr gut fünfzig Jahre später bei einem Jahrgangstreffen erstmals wiederbegegne und sie an unsere frühe Romanze erinnere, ist ihre Reaktion doch sehr ernüchternd: Sie sagt, eigentlich habe sie damals von meiner Zuneigung überhaupt nichts bemerkt.

Anders stellt sich die Sache mit Tante Lisa dar. Die kinderlose Ehefrau eines Halbbruders meiner Mutter lebte mit meinem Onkel in der Nähe von Hannover. Die Verwandtschaft um uns herum war nach den Kriegswirren dünn geworden. Endlich hatte ich jetzt auch eine Tante – und die Tante mich. Schon bei ihrem ersten Besuch in Oberbrüden klebe ich förmlich an ihr. Für mich vollkommen überraschend werde ich eingeladen, meine Herbstferien 1955 bei ihr und Onkel Philipp zu verbringen. In der kleinen Zweizimmerwohnung bekomme ich den Platz in der Besucherritze des Ehebetts. Tagsüber soll ich mit den Nachbarkindern im Hof spielen und werde wegen meiner ungewöhnlichen Bekleidung erst einmal herzhaft ausgelacht: Witterungsbedingt trage ich zur kurzen Hose lange Wollstrümpfe, die auch noch an einem Strumpfhalter befestigt sind: »Seht her, Tante Lisas Liebling!« Als ich dem Gelächter fluchtartig zu entkommen suche, erklären die Hofkinder ohne jede Vorwarnung, sie wollten mich jetzt erst einmal in Sachen Liebe und so auf den aktuellen Stand bringen. Sie führen mich zu einem Automaten, der an der Drogerie an der Ecke hängt und die für mich noch rätselhafte Aufschrift »Gummiwaren« trägt. Die Gelegenheit zur handfesten Aufklärung des Ahnungslosen lassen sich die Burschen jetzt nicht entgehen. Völlig aufgelöst flüchte ich schließlich zurück zu Tantes Wohnung und erzähle nichts davon.

Die folgenden Nächte in der Besucherritze werden furchtbar. Die kruden Schilderungen der Burschen gehen mir nicht mehr aus dem Kopf. Haben Onkel und Tante vielleicht auch …? Obwohl mein Bild von der romantischen Liebe jetzt tief erschüttert ist, kuschle ich mich tagsüber noch enger an Tante Lisa und bin mir ganz sicher, ihre Kinderlosigkeit hat bestimmt andere Gründe. Kurz darauf nimmt sie mich liebevoll an die Hand und geht mit mir ins nächstgelegene Bekleidungsgeschäft, eine lange Hose kaufen.

So viel zur Frühzeit. Irgendwann hatte ich meine kryptoerotische Phase hinter mir. Jetzt, mit beinahe 16 Jahren, treibt mich nur noch eine Sehnsucht um: Ich will endlich eine feste Freundin. Aber, wie soll ich das anstellen?

In einem weißen Kleid mit dicken roten Punkten entsteigt sie dem Bus, der fast zeitgleich mit meinem am Backnanger Bahnhofsplatz angekommen ist. »Die habe ich hier noch nie gesehen, die ist neu.« Meine innerschulischen Recherchen ergeben: Sie heißt Christel und ist zwei Klassen unter mir. Mehr weiß ich noch nicht von ihr. Ohne auch nur ein Wort mit ihr gewechselt zu haben, beschließe ich für mich, die soll es werden.

Um der Sache näherzukommen, braucht es jetzt einen Plan. Ich setze dabei auf die kompetente Beratung durch meine besten Freunde Christian und Roman. Bedauerlicherweise verfügen beide selbst noch über keinerlei einschlägige Erfahrung. Für den ersten Mai haben wir schon seit Längerem eine Wanderung vorgesehen. Wir könnten sie doch fragen, ob sie mit von der Partie sein will oder zumindest schon mal zur Vorbesprechung in unser Freistunden-Stammcafé kommt … Ich muss wohl schon damals von einer chronischen Angst vor Ablehnung geplagt gewesen sein. Selbst traue ich mich jedenfalls nicht, sie zu fragen. Schließlich übernimmt Roman die heikle Aufgabe – ein wahrer Freundschaftsdienst.

Sie kommt. »O, wie klein die ist«, fällt mir als Erstes auf, sicher nicht einmal 1,60 Meter. Und noch eines: Sie verleiht ihrem handfesten Schwäbisch beim Sprechen einen leichten Akzent ins Hochdeutsche. Aber das alles schert mich jetzt nicht, glaube ich doch, dem Objekt meiner Begierde einen deutlichen Schritt nähergekommen zu sein. Die Maiwanderung 1963 wird nach einem harten Winter zum ersten sonnig-warmen Erlebnis des Jahres und laut meinen Freunden ein voller Erfolg.

Christel und ich waren aus unseren jeweiligen Dörfern mit dem Rad zum Treffpunkt gefahren. Jetzt, in der einsetzenden Dämmerung, soll sie den Rückweg auf keinen Fall alleine bestreiten müssen. Eilig machen wir zwei unsere Räder abfahrbereit – aber Roman seines auch. Hat er am Ende auch ein Auge auf sie …?

Zu dritt begann eine Fahrt, die ich als nicht besonders vergnüglich in Erinnerung habe. Aber, was ich noch nicht ahnte, ich hatte eine überraschend starke Verbündete, die Topographie. Um in Christels Heimatdorf zu gelangen, musste der Reisende nämlich erst einmal eine drei Kilometer lange Steigung bewältigen. Und das heißt, drei Kilometer schieben. Mit Scherzen und Witze erzählen versucht Roman die Stimmung zu heben. »Zwei Frösche gehen hintereinander über die Straße. Ruft der Vordere dem Hinteren zu: ›Vorsicht LK – Wähhh!‹« Niemand lacht, das war wohl ein Reinfall. Resigniert und kommentarlos dreht Roman auf halber Höhe bei. Nach einem schweißreich vollendeten Aufstieg überantworte ich Christel unbeschadet der Obhut ihrer Eltern. Sie beim Abschied zu küssen, wage ich nicht.

Dazu sollte es erst in der Folgewoche kommen, als ich ihr endlich auf einer abgelegenen Parkbank die obligate rote Rose überreiche und meinen Gefühlen verbal und physisch

Ausdruck verleihen kann. Ich bin nicht der Mann für halbe Sachen. Damals war ich mir sicher: »Diese Frau werde ich nie verlassen.« Immerhin, fast zehn gemeinsame Jahre sind daraus geworden. In der Schule galten wir schon als »altes Ehepaar«. Vielleicht auch deshalb, weil ich stets ihre Schultasche vom Busbahnhof bis zum Klassenzimmer trug.

Und die Liebe bewährte sich auch in anderer Hinsicht: Meine bis dato eher mittelmäßigen schulischen Leistungen explodierten förmlich, ich wurde Jahr für Jahr als Klassensprecher wiedergewählt und schließlich gar zum Schulsprecher auserkoren. Ich strotzte geradezu vor Lebensfreude und Tatendrang, was auch mit dem großartigen Freundeskreis zu tun hatte, der immer wichtiger für mich wurde.

Christel und ich teilten viel: Außer der Tanzschule zum Beispiel auch die damals noch grassierende Angst vor einer Schwangerschaft, die uns zur Enthaltsamkeit nötigte. Das saß tief in den Köpfen. Auch als die Pille die Welt revolutionierte, glaubten wir zuerst nicht so richtig an ihre verlässliche Wirkung. Wir unternahmen viele schöne Dinge. Noch minderjährig reisten wir nach Paris, spielten gemeinsam im Schülertheater und trampten, beide schon im Studium, auf abenteuerliche Weise bis nach Irland.

Doch die Zeichen mehren sich, dass Christel sich in ihrem eigenen studentischen Umfeld zunehmend wohler fühlt als in der Zweisamkeit mit mir. Es mag Zufall sein oder nicht: Die meisten ihrer Kommilitonen sprechen Schwäbisch … Irgendwann zwischen Studiumsbeginn und Examen verlieren wir uns mehr und mehr – ein langsamer und langanhaltender Auflösungsprozess. Wahrgenommen haben wir ihn, glaube ich, lange selbst nicht. Als sich meine erste Liebe auch formell auflöste, war es kein Ende mit Schrecken.

Traum und Albtraum

»Können wir uns das wirklich leisten?« Tief besorgt richten sich die Augen meiner Mutter auf meinen Vater, den Herrn des Budgets. Eigentlich verdient sie sogar ganze 50 D-Mark im Monat mehr als er. Doch die Welt ist damals, Anfang der 60er Jahre, eben noch wohlgeordnet. Der Haushaltsvorstand entscheidet: Das Haus wird gebaut – Schulden hin oder her.

Das geplante Eigenheim liegt für meine Eltern strategisch ausgesprochen günstig im Ortsteil Mittelbrüden, die Schule meines Vaters nur einen Kilometer nach rechts in Oberbrüden, die meiner Mutter, dieselbe Distanz nach links, in Unterbrüden. Ob die Familienkasse das Eigenheim damals wirklich hergab, bezweifle ich noch heute. Neureich waren wir auf keinen Fall. Ungewöhnlich für diese Zeit: Zum Haus gehört auch ein Swimmingpool – eine Ausstattung, die eigentlich weit über unseren Verhältnissen lag. Doch mein Bruder Werner und ich ruhten nicht, bis wir die Sache durchgesetzt hatten. Die Auflage: Wir beide sollten die Grube dafür selbst ausheben – in Handarbeit. Mehrfach ernsthaft vom Abbruch bedroht, vollendeten wir nach etlichen Wochen unser schweißtreibendes Werk. Doch unsere Hybris rächte sich. Da das Budget eine anständige Umwälzanlage nicht mehr hergab, entpuppte sich der Pool schon wenige Tage nach Wassereinlass jedes Mal aufs Neue als äußerst trübes Vergnügen.

Als im Herbst 1962 der Tag des Einzugs naht, herrscht rundum große Vorfreude. Die erste Nacht im neuen Haus. Was wir noch nicht ahnen, sie soll zu einem Albtraum werden, der sich tief in das familiäre Gedächtnis eingraben wird. Mitten im Einzugstrubel steht Nikolaus vor der Tür – unangemeldet. Nett, dass er helfen will. Doch er hatte offenbar anderes vor. Mitten aus seinem akuten persönlichen Schlamassel ist er angereist. Bereits nach wenigen Wochen Ehe hat ihn gerade seine zweite Frau verlassen, nachdem er von der ersten, die ihn betrogen hatte, erst kurz zuvor geschieden worden war. Mit zwei kleinen Kindern und einem Isländer war sie unauffindbar gen Norden entschwunden.

Eine merkwürdige Anspannung macht sich breit im Haus. Am späten Abend, als die letzten Möbel zurechtgerückt sind, liege ich zum ersten Mal in meinem neuen Zimmer, in meinem neuen Bett. Plötzlich steht Nikolaus im Raum. Sicher will er mir nur eine gute Nacht wünschen. Brüderlich zugewandt setzt er sich zu mir aufs Bett. Wir reden über das Buch, das ich mir gerade gegriffen habe. Nach wenigen Minuten beginnt seine Zunge zunehmend schwerer zu werden. Und dann kippt er einfach von der Bettkante auf den Boden. Stumm und regungslos liegt er jetzt da. Sofort die Eltern rufen. »Schrei doch nicht so laut«, werde ich von unten zurechtgewiesen. »Es sind noch Nachbarn im Haus.« Erst als diese sich jetzt zügig verabschieden, richten die Eltern ihren entsetzten Blick auf das Geschehene. »Zum Glück, er atmet noch Nachbarn im Haus.«

»Jetzt schnell ein Rettungswagen!« »Wie kannst Du nur so etwas vorschlagen. Das fällt doch auf. Was würden sich die Nachbarn denken?« Der Hausarzt soll es richten. Eine Stunde später rattert er endlich mit einem diskreten VW-Käfer auf der noch ungepflasterten Straße ins Neubauge-

biet. »Eine handfeste Überdosis Schlaftabletten. Wir warten
einfach ab. Vielleicht wacht er ja von alleine auf.« Das tut er
dann auch – nach 18 bangen Stunden.

Was war sein Motiv? Ein Hilferuf? Rache an seinem Vater,
der ihn stets als Schwarzes Schaf der Familie brandmarkte
oder Bestrafung von uns allen, die wir es besser hatten als er?
Ich habe es nie erfahren. Aber auch wenn ich heute daran
denke, rühren sich in meinem Innersten noch immer die
gleichen Ängste, die mich erschütterten in dieser ersten
Nacht im neuen Haus.

Heute weiß ich es längst: Größere und kleinere Katastrophen und Konflikte – in größeren Familien sind sie sicher keine Seltenheit. Sie gehören einfach dazu – so auch
in unserer. Dem Kleinsten, der mit seinen Eltern schließlich als Einziger noch unter einem Dach wohnt, kommt
im Hause Backes mehr und mehr eine besondere Aufgabe
zu: die Rolle als Mittler, wenn man so will, als Moderator.
Diese Rolle belastet und überfordert mich als 16-Jährigen
im Grunde völlig. Welche Bedeutung die eher notgedrungen erworbene Fähigkeit in meinem späteren Leben einmal
spielen wird, ahne ich damals noch nicht. Die Eltern meiner
Freunde waren die Ersten, denen im Vergleich zu ihren eigenen Kindern auffiel: »Der Wieland ist schon so vernünftig,
so vermittelnd, ausgleichend …«

Zwischen Chemie und Alchemie

Die ätzenden Dämpfe aus dem Souterrain steigen bis in den Wohnbereich. »Was ist denn um Himmels willen jetzt schon wieder los?«, ruft mein Vater, schon etwas gereizt, in die Tiefe. »Nur ein Experiment!«, gebe ich beschwichtigend zurück.

Eine weitere Besonderheit unseres Hauses blieb bisher unerwähnt. Es verfügte im Keller über ein eigens für mich eingerichtetes veritables Chemielabor, so richtig mit Bunsenbrenner und Destillieranlage, mit Kolben und Reagenzgläsern sowie Chemikalien unterschiedlichster Provenienz – der Ort, der jetzt wieder mal für atemraubende Emissionen sorgte.

Werner, von jeher technisch-naturwissenschaftlich interessiert und begabt, war gerade dabei, sein Chemiestudium an der Uni Stuttgart abzuschließen. Mit seinen begeisterten Erzählungen hatte er von Anfang an versucht, auch das Interesse des kleinen Bruders an dieser wunderbaren Wissenschaft zu wecken. Willig versorgte er mich aus einschlägigen Stuttgarter Fachgeschäften kontinuierlich mit der im Labor benötigten Hard- und Software.

Meine Eltern sehen das nicht ungern. Nach den beruflichen Eskapaden der größeren, ist Werner der erste Sohn, der einen soliden Weg einzuschlagen scheint. Ein eindeutiges Indiz dafür kann man wohl auch in der Wahl seiner

Verlobten erkennen, die ihm als Praktikantin für Hauswirtschaft im Internat in Künzelsau begegnet ist. Sie sollte die Frau seines Lebens werden. Hildegard stammt aus einer ausgesprochen bürgerlich-katholischen Familie, die Werners weiteren familiären Annäherungsversuchen jetzt erst einmal mit Skepsis begegnet.

»Er ist also evangelisch? Noch nicht mit dem Studium fertig? Also der kommt mir nicht ins Haus – zumindest vorläufig nicht.« So kam es, dass Werner mit Blick auf eine Verbesserung seiner Akzeptanz nicht nur weiterhin fleißig studierte, sondern alsbald auch katholisch wurde – inklusive reuig nachgeholter Kommunion und Firmung. In Hildegards Elternhaus wird Skat gespielt, Werner lernt Skat. In der Familie rauchen fast alle, Werner bald auch. Und so weiter. Mit fester Überzeugung geht er seinen Weg der Integration in eine wohlgeordnete Welt. Bald schon sieht er sich zurecht auf der Zielgeraden.

Die Zuneigung zu seinem kleinen Bruder ist davon nicht berührt. Er spart sich für mich Geburtstags- und Weihnachtsgeschenke förmlich vom Munde ab. Einmal hat es sogar für eine echte Märklin-Lok gereicht. Mehr und mehr liebe ich nicht nur meinen großen Bruder, sondern auch sein erwähltes Studienfach Chemie. Werner fördert die neue Neigung intensiv. Praxisnah mit dem heimischen Labor bestens gerüstet, schreibe ich im Fach Chemie eine Eins nach der anderen. Die Eltern sehen mich auf dem richtigen Weg und ertragen fortan die ominösen Dämpfe aus dem Keller mit einer von Optimismus geprägten Fassung.

Heute bin ich mir nicht mehr ganz sicher, ob ihnen wirklich bewusst war, was der Filius im Untergeschoss so alles trieb. Nicht ohne Stolz präsentierte ich damals den Freunden so manchen im Keller hausgemachten Stoff. Besonders gut gelungen war zum Beispiel die Synthese einer wasser-klaren, an sich harmlos aussehenden und rasch verdunsten-den Flüssigkeit namens Bromaceton, die bereits bei ihrem ersten Einsatz unsere verhasste Deutschlehrerin erwartungs-gemäß und ergiebig zu Tränen rührte. Zunächst ließ sie sich nichts anmerken, doch am Ende der Pause erschien sie un-erwartet wieder – mit dem Chemielehrer im Schlepptau. »Backes, kommen Sie mal.« Ich fühlte mich ertappt und gestand spontan alles. Völlig ohne Not, wie ich zu spät er-kannte, denn sie wollten eigentlich nur in meiner Funktion als Klassensprecher mit mir reden. Den Tränengasexperten hatten sie nicht in mir vermutet. Wie sich bald herausstellte, war auch der Zeitpunkt der Aktion denkbar unglücklich gewählt: An just demselben Tag nachmittags war Zeugnis-konvent …

Vielleicht sollte ich doch kein Chemiker werden. Mög-licherweise hatte ich eher das Zeug zum Alchemisten. Oder zum Pyromanen, wie ich Silvester für Silvester eindrucks-voll und kostenintensiv unter Beweis stellte. Und über-haupt, auf welche Zukunft, auf welches Leben laufe ich da eigentlich zu? Die viel geschmähten ältesten meiner Brüder haben inzwischen immerhin den Rahmen des Normalen gesprengt: Nikolaus hat fast über Nacht im Kreuzgang des Klosters Bebenhausen Freilichtspiele gegründet. Gegeben wird Goethes »Urfaust«, und Bruder Günther spielt die Ti-telrolle. Heinrich lässt immer wieder den Schreibtisch des selbständigen Werbeberaters, nebst Familie, hinter sich und zieht mit einer traditionsreichen Passionsspieltruppe Saison für Saison durch die Lande.

Für die näher rückenden fundamentalen Lebensent-scheidungen halten sich die Impulse aus der Lehrerschaft in bescheidenen Grenzen. Zwei Fraktionen lassen sich unterscheiden: die jungen Kumpelhaften, die durchaus die Nähe zu uns Pubertierenden suchen, und die Pauker alten Stils, meist desillusioniert, die Nazizeit noch immer im Nacken. Mit glänzenden Äuglein berichtet uns die verhasste Deutschlehrerin davon, wie sie gemeinsam mit anderen Mädchen bei einem von Hitlers Stuttgart-Besuchen vor seinem Hotel hartnäckig skandiert habe: »Lieber Führer, sei so nett, und zeige Dich am Fensterbrett!« Bis er wirklich erschien.

Und dann auch noch der Direktor. Ein winziges Männchen, Eierkopf mit Nickelbrille und Vollglatze. Er war promovierter Physiker und ledig, verheiratet höchstens mit seinem Physiksaal, in dem er im notorischen weißen Kittel auch sonntäglich und nächtens oft gesichtet wurde. Von der Befindlichkeit seiner Schüler trennten ihn wohl etliche Lichtjahre.

Orientierung für ein ungestümes junges Leben, das am liebsten die Welt aus den Angeln heben will, war von dieser Seite kaum zu erwarten. Da nahmen wir die Sache notgedrungen selber in die Hand. Es war, wie so oft, ein eher trüber Nachmittag, genau der Buß- und Bettag 1964, den ich, zunächst noch gelangweilt, in meinem Zimmer verbrachte. Lustlos griff ich nach einem Buch, das aus der Kiste stammte, die Nikolaus nach einem seiner zahlreichen Umzüge bei uns abgeladen hatte: George Bernard Shaw – »Gesammelte Werke«.

Hängen bleibe ich an »Pygmalion – eine Romanze in fünf Akten«. Shaws größtes Erfolgsstück hatte als Vorlage für das Musical »My fair Lady« gedient, das in der Verfilmung mit Audrey Hepburn und Rex Harrison gerade durch die Kinos gegangen war: Ein Welterfolg. Und jetzt sind wir an der Reihe. Noch am selben Nachmittag treffe ich meine

Klub gründen, Film drehen, Theater spielen –
Devotionalien einer ereignisreichen Jugend.

Freunde in einem Café. In wenigen Minuten ist klar: Das
bringen wir auf die Bühne, außerhalb der Schule. Und auf
die Lehrer pfeifen wir. In einem Anfall von Hybris erkläre
ich, dass ich nicht nur die Hauptrolle spielen will, sondern
auch die Regie übernehmen werde. Überraschenderweise
rührt sich kein Widerspruch.

Das größte Projekt meiner Schulzeit nimmt zügig Gestalt
an. Mindestens 40 Köpfe zählt die Truppe jetzt. Alles ma-

chen wir selber: das Bühnenbild, die Kostüme, die Eintritts-
karten. Mit meiner Doppelrolle hatte ich mich natürlich
total übernommen. Aber in keiner Phase meines bisherigen
Lebens fühlte ich mich so erfüllt wie jetzt. Als der Beifall bei
der Premiere nicht enden will, ist mein Vorhaben, Chemiker
zu werden, zumindest ein bisschen wackelig geworden …

Die Endlichkeit allen Seins

Mein Lebensgefühl in dieser Zeit kurz vor dem Abitur ist widersprüchlich. Einerseits war ich in meiner Kindheit und Jugend noch nie so glücklich und froh wie jetzt gewesen. Und offenbar, gerade weil ich das Leben so sehr liebe, erfasst mich immer wieder überfallartig ein Gefühl tiefer Traurigkeit. Das Leben ist so schön, warum kann es nicht unbegrenzt so weitergehen? Warum muss es denn um Himmels willen endlich sein? Auch mein Religionslehrer, der meine Leistungen notorisch mit »sehr gut« bewertet, kann mir keine befriedigende Antwort bieten. Er ist ein hinreißender Mensch und trotz seiner schweren Gehbehinderung durch und durch lebensbejahend. War es der liebe Gott, der ihm dabei geholfen hat? Und glaubt er an ein Leben nach dem Tod? Er lacht und lässt die Antwort mal lieber im Vagen.

Probleme habe ich nicht nur mit dem Danach. Auch das Hier und Jetzt rückt den lieben Gott nach meiner Überzeugung in gar kein gutes Licht. Meine erste direkte Begegnung mit dem Tod spielt dabei eine entscheidende Rolle. Es mag lächerlich klingen, aber den ersten Zweifel weckte in mir – im Alter von sieben Jahren – das elende Sterben meiner Katze, die beim Versuch, ihre Babys auf die Welt zu bringen, jammervoll zugrunde ging: »Warum hat Gott das zugelassen? Oder gibt es auch für Katzen ein Leben nach dem Tod?«, frage ich unter Tränen und mit der Naivität meines Kinderglaubens. Die Antwort meiner Eltern tröstet mich nicht: Ich solle doch daran denken, es sei noch viel schlimmer, einen Menschen zu verlieren.

War wirklich der Tod einer Katze die Initialzündung für meine wachsende kritische Haltung zum Glauben? Mein Vater hatte doch immerhin einige Semester katholische Theologie studiert. Gut, nach unserer Ankunft in Württemberg war er konvertiert, aber evangelisch ist er doch immerhin geblieben. Ich bin mir aber sicher, die Gretchenfrage hätten sie ehrlicherweise nicht affirmativ beantworten können. Religion, das war, seit ich denken kann, für sie nur noch Anpassung und gelebte Konvention.

»Müde bin ich, geh' zur Ruh', schließe meine Äuglein zu. Vater, lass die Augen Dein über meinem Bette sein.« Das Nachtgebet war allerdings auch für mich ein Pflichtritual. Meine Eltern schickten mich in den Kindergottesdienst, in den Religions- und in den Konfirmandenunterricht, aber irgendwie ist der Funke des Glaubens nicht übergesprungen. Ob es am subtilen Einfluss meiner Eltern lag oder eher am mangelnden Charisma des kirchlichen Personals? Die meisten biblischen Geschichten langweilten mich, den begeisterten Karl-May-Leser, jedenfalls notorisch und das sture Auswendiglernen frommer Sprüche gab mir den Rest.

An einem hat meine stetig wachsende Kirchenferne aber sicher nicht gelegen, an einer baulichen Distanz zum Gotteshaus. Denn unser Küchenfenster im alten Schulhaus trennten höchstens 2,50 Meter vom Hintereingang der Dorfkirche. Wenn er offenstand, reichte der Blick von unserer Küche bis zum Altar. Auch folgender Sachverhalt taugt höchstens vordergründig als Erklärung für meine Abtrünnigkeit. Ich habe ihn oft aus Koketterie angeführt: Kurz vor meiner Konfirmation hatte ich mir beim Schulsport das

rechte Handgelenk gebrochen. Jetzt konnte ich dem Ortspfarrer zur Einsegnung nur die linke Hand reichen. Das
konnte nicht gutgehen.

Ging es auch nicht. Je länger, je älter, desto bohrender
wurden die Fragen an mein Umfeld und an mich selbst. Es
brauchte nicht mal den Blick in die Endlosigkeit des Ster-
nenhimmels, um mir die Grenzen des Wissens über unser
irdisches Sein zu demonstrieren. Da lief selbst meine ausge-
prägte Neugier ins Leere, während gleichzeitig die Erkennt-
nis wuchs, dass wir Erdenmenschen wohl nie ganz enträt-
seln werden, was die Welt im Innersten zusammenhält.

Bertrand Russells »Warum ich kein Christ bin«: Als ich
mit siebzehn dieses Buch des Nobelpreisträgers in die Hand
bekomme, erhält meine handgestrickte Glaubenskritik endlich einen soliden Unterbau. Seine These, dass der Christen-
gott vor allem auf Ängste setzt und Ängste schürt, überzeugt
mich: Angst vor dem Tod, Angst vor göttlicher Bestrafung,
vor Hölle und Verdammnis. Auch den Alleinvertretungsan-
spruch für ethisch-moralisches Handeln spricht Russel der
christlichen Glaubenslehre ab. Um das zu belegen, denke
ich, muss man in unserem Land doch nur wenige Jahrzehnte zurückblicken. Wie viel Unheil, Gewalt und kriegeri-
sche Auseinandersetzungen, wie viel Fanatismus gehen auf
das Konto der Religionen, und nicht wenig davon auf das
der Christenheit.

Russells Thesen, damit bombardiere ich jetzt meine Mitschülerin Marese. Sie hat sich in unserem Theaterprojekt
um die Kostüme gekümmert, so kamen wir ins Gespräch
und bald auch auf die Gretchenfrage. Marese entpuppte sich
für meinen spirituellen Sinnfindungsprozess als ideales, of-
fensives Gegenüber: Die Eltern waren tiefgläubige bayrisch-
katholische Christen, die Tochter in deren Fahrwasser und

ich der notorische Skeptiker. An freien Nachmittagen zogen wir in dieser Rollenverteilung durch die Wälder und Streuobstwiesen rund um Backnang und debattierten ausgiebig über Gott und die Frage, ob es ihn überhaupt gibt.

Ob meine mit Verve vorgetragenen Argumente etwas bei ihr verändert haben, wage ich zu bezweifeln. In meiner eigenen Radikalität musste ich allerdings eine Art Downgrading konstatieren: Aus dem entschiedenen Gottesleugner, dem Atheisten, war immerhin ein Agnostiker geworden, einer der die Existenz eines Gottes nicht prinzipiell ausschließt. Und eines weiß ich auch am Ende dieser theologischen Romanze ganz sicher: Gleich nach dem Abitur werde ich aus der Kirche austreten.

Konsequent inkonsequent

Die Rede hatte etwas Pathetisches. Das war ja auch in Anbetracht des Anlasses sicher nicht ganz falsch. Normalerweise hielt der Klassenbeste die Abiturrede. Dass die Wahl im Herbst 1966 auf mich als nur Zweitbesten fiel, schmeichelte mir ungeheuer. Eigentlich hatte meine Mitschülerin Uta wie jedes Jahr die Nase vorn. Aber der Klassenlehrer wollte aus unerfindlichen Gründen mich. Fairerweise wurde sie mit einem Referat über »Islamische Kunst« abgefunden.

Der ehrenvolle Auftrag hatte es in sich – das selbstgewählte Thema noch mehr: Über nichts Geringeres als über den Zustand der Welt und die Zukunft als solche wollte ich sprechen. Auf jeden Fall sollte die Gelegenheit nicht einfach ungenutzt vorübergehen. Und da sitzen sie nun alle, die Hoffnungsträger von Backnang und Umgebung nebst Angehörigen, und lassen sich von mir die Leviten lesen. Nachdem ich das Elend der Welt ausreichend beklagt habe – Konsum, Korruption, Krieg und so weiter – nutze ich ungeniert die Gunst der Feierstunde und spreche meine Jahrgangskollegen im Tenor leidenschaftlichen Sendungsbewusstseins direkt an: »Die Abiturienten von heute, sagt man, sind die Führungsschicht von morgen. Aber darf sich eine Führungsschicht mit bloßem egoistischem Karrieremachen begnügen? Haben wir nicht eine besondere Verpflichtung?« Auf die rhetorische Frage folgt die eindeutige

Aufforderung: »Werden wir Rebellen! Seien wir Vorkämpfer für eine Welt, in der es das Wort ›Krieg‹ nicht mehr gibt.« Die Gebrauchsanweisung dafür bleibe ich zwar schuldig, aber die Anwesenden hatte ich mit meiner vollmundigen Philippika wohl erreicht, unter anderen offenbar auch den Redakteur der Lokalzeitung. Er wird die Rede in voller Länge abdrucken.

Kurz danach schreibt mein Klassenlehrer in seiner Empfehlung für ein Stipendium: »Sein sicheres Auftreten, seine Gewandtheit im Ausdruck und eine bereits erkennbare Rednerbegabung zeichnen ihn besonders aus«. Erst viele Jahre später werde ich eine Kopie dieses Schreibens zu Gesicht bekommen. Vorläufig bin ich lieber nur heimlich selbstbewusst – und auf erschreckende Weise inkonsequent.

Am 31. Januar 1967 schreibe ich in einem Brief an meinen Freund Werner Lehmann: »Meine derzeitige Lage ist eine Qual: Es ist eine Farce, dass gerade ich den Wehrdienst nicht verweigert habe.« Zum Zeitpunkt, als ich diese Zeilen zu Papier bringe, trage ich bereits Uniform: Schütze Wieland Backes, Ausbildungskompanie 14/10, Donauwörth.

Insgeheim hatte ich wohl allzu lange darauf spekuliert, der Kelch Bundeswehr würde ohne große Bemühungen an mir vorübergehen. Doch mein bei der Musterung vorgelegtes ärztliches Zeugnis, das mir doch fachlich unangreifbar eine schwere Rückgratverkrümmung attestierte, hatte offenbar keinen entscheidungsrelevanten Eindruck hinterlassen. Fettgedruckt steht unübersehbar T wie tauglich auf dem Musterungsbescheid.

Als in der Familie ruchbar wird, dass ich den Wehrdienst verweigern will, sucht mein Vater das ernste Gespräch mit mir: »Das könnte Dir sehr viele Nachteile im Leben eintragen. Denk daran: Zivildienstleistender, das liest sich doch nicht gut in einem Lebenslauf.« Dass ich damals resigniert eingelenkt habe, empfinde ich auch heute noch schmerzhaft als großes Versagen. Als ich schließlich einberufen werde, übertrifft die Wirklichkeit alle Erwartungen. Ich gehöre einfach nicht hierher. Der Drill, der Ton, die Diktion des Kalten Krieges, alles ist mir zuwider, vom menschlichen und geistigen Niveau gar nicht zu reden. Vorschnell kündige ich an, ich werde doch noch verweigern und lasse es dann ein weiteres Mal bleiben. Die anderen Abiturienten in meiner Kompanie verfolgen zielstrebig den Weg zum Reserveoffizier. Was mit mir anzufangen ist, weiß man nicht so recht. Ich selbst rette mich durch die Flucht in die Rolle eines Soldaten Schwejk.

Der Kompaniechef sucht einen neuen Fahrer für seinen Dienst-Jeep. Zu meiner Überraschung verfällt er der fixen Idee, mich dafür vorzusehen. Als er zur Probefahrt erscheint und ich zur Meldung korrekt die Hacken zusammenschlage, lächelt er mir noch voller Zuversicht zu. Aber schon nach einer halben Stunde eines von mir einfallsreich inszenierten Horrortrips spüre ich seinen Stimmungswandel. Dass ich die Straßenverkehrsordnung weitgehend ignoriert habe, konnte er wohl noch einigermaßen verkraften. Doch als ich auf dem Standortübungsplatz mit dem offenen Geländewagen treffsicher keines der schlammigen Schlaglöcher auslasse und damit seine schmucke Uniform beflecke, ist das Maß voll. Sein blasses »Vielen Dank« am Ende unserer ersten Dienstfahrt hat eindeutig finalen Charakter.

Eines Tages steht der seltene Besuch des Kommandeurs des zweiten Corps an. Schon Tage zuvor herrscht in der Kaserne größte Aufregung. Es soll ja nichts schiefgehen. Der General wird der feierlichen Vereidigung der neuen Rekruten beiwohnen. Nach der Landung seines Hubschraubers soll er in einer offenen Limousine auf kürzestem Wege zum Appellplatz rollen, auf dem die führenden Offiziere des Standorts und die in Reih und Glied angetretenen Rekruten schon feierlich seiner harren. Zu diesem Zweck soll der normale Kasernenverkehr großräumig umgeleitet werden. Dafür werden jetzt verlässliche Kräfte eingeteilt. Ich selbst stehe schließlich an einem strategischen Punkt und winke sämtliche Fahrzeuge pflichtgemäß auf die Umleitungsstrecke durch den Technikbereich. In größerer Entfernung erkenne ich den landenden Hubschrauber des Generals und winke weiter. Obwohl es mich zunehmend langweilt, winke und winke ich – inzwischen schon leicht verträumt – noch immer weiter. Dass ich soeben auch den General auf die Umleitungstrecke dirigiert habe, merke ich erst, als das Malheur schon passiert ist.

Die herrschaftliche Limousine habe sich im Technikbereich gründlich verfahren, wird später berichtet. Nach längerer Irrfahrt sei der General schließlich auch noch aus der falschen Richtung auf die jetzt völlig irritierten Angetretenen zugerollt. »Welcher Idiot hat denn dieses Desaster angerichtet?« Der Idiot wurde nie ausfindig gemacht.

Die Anekdoten täuschen. Auch Schwejk ist keine Lösung für mich. An meinen Freund Werner Lehmann schreibe ich: »Die soldatische Ausbildung ist für mich nichts anderes als Anleitung zum gesetzlichen Morden.« Zunehmend spüre ich auch so etwas wie – ich habe es damals freilich noch nicht so genannt – eine intellektuelle Verkümmerung. Noch Jahre nach meiner Entlassung als Gefreiter der Reserve bleiben diese 15 Monate Gegenstand vieler meiner nächtlichen Träume, der Albträume.

Es liegt etwas in der Luft

In Vietnam führen die Amerikaner einen verheerenden Krieg, in Berlin wird bei einer Demonstration gegen den Besuch des Schahs von Persien der Student Benno Ohnesorg erschossen und am Broadway feiert das Hippie-Musical »Hair« einen Massenerfolg.

Auch der Erstsemesterstudent Wieland Backes trägt das Haupthaar jetzt etwas länger. Bald kommt in Ergänzung ein Oberlippenbart dazu, einer von dem er sich – den Wechsel der Moden hartnäckig ignorierend – zeitlebens nicht mehr trennen wird. Neue Zeiten? Bei mir selbst ist davon zumindest zunächst wenig zu spüren, die Freundin bleibt die alte und die Fächerwahl fürs Studium auch: Chemie für das Lehramt und, eher notgedrungen, als Nebenfach Geographie.

Als Alma Mater habe ich natürlich dieselbe wie mein Bruder Werner gewählt: die von Technikern und Ingenieuren dominierte Universität Stuttgart, fürs Pendeln am Wochenende nicht zu weit von zu Hause entfernt. Ich wohne bei einem pensionierten Grundschulrektor und dessen Frau, eine seiner ehemaligen Schülerinnen. Gelegentlich werde ich zu einem abendlichen Glas Wein ins Wohnzimmer gebeten, was nach dem ersten Besuch meiner Freundin jählings endet. Wir hätten zwar bei Beginn des Untermietverhältnisses nicht darüber gesprochen, aber Damenbesuch sei an sich und grundsätzlich unerwünscht.

Ein halbes Jahr später ergattere ich aufatmend einen Platz im als liberal beleumundeten Studentenwohnheim in der Birkenwaldstraße. In der Mensa kann man sich der Flugblattverteiler und ihrer Infostände kaum erwehren. Mir, der aus einer eher kleinen, überschaubaren Welt kommt, ist das alles zu laut und zu brachial, auch wenn ich inhaltlich manches teile. Sei es bei Kundgebungen gegen den Vietnamkrieg, die Notstandsgesetze oder das Kapital als solches, bei keiner einzigen der zahllosen Demonstrationen werde ich gesichtet.

Nach der Dürre der Bundeswehrzeit bin ich jetzt vor allem eines: wissensdurstig. Während andere auf die Straße gehen, stehe ich im Labor und hole mir brav und fleißig die ersten Meriten in meinem Studium. In Rekordzeit absolviere ich das anorganische Grundpraktikum, zusätzlich arbeite ich bei einem Lebensmittelgroßhandel in der Frühschicht. Vom Verdienst erstehe ich einen uralten VW-Käfer Cabrio und entschwinde alsbald darauf mit Christel nach Italien. Doch der Geist von 68 lässt mich nicht unberührt.

Bruder Nikolaus lebt mittlerweile in einer Kommune in Heidelberg. Das interessiert mich. Sein Geld verdient er gerade als Aktionsverkäufer bei einem Hersteller von Haushaltsgeräten. Als ich ihn in seiner Kommune besuche, kann ich mich des Eindrucks nicht erwehren, er, der Nichtakademiker, finanziere mit seinem Einkommen die gesamte 15-köpfige Wohn- und Glaubensgemeinschaft alleine. Zu den vollwertigen Mitgliedern in der Kommune zählt auch ein stattlicher Jagdhund, ein Deutscher Kurzhaar, der den milieubezogen passenden Namen »Aktivist« trägt. Als sich die Kommune zum abendlichen Teach-in versammelt, steht ein wichtiges Thema auf der Agenda: Wie kann ein Hund antiautoritär erzogen werden? Nicht nur den Joint, der mir solidarisch unter die Nase gehalten wird, verwehre ich.

Überhaupt: Irgendwie ist mir das alles hier zu viel, zu viel an Selbstinszenierung und modischem Polittheater.

Da will ich mich doch lieber ganz konkret engagieren. Ich melde mich bei einer studentischen Organisation, die Ferien für benachteiligte Großstadtkinder veranstaltet. Als die bunt zusammengewürfelte Betreuergruppe im nagelneuen Heim der Arbeiterwohlfahrt im Stadtwald von Fürth einläuft, weht auch hier überraschend schnell der Geist von 68. Aber anders. Denn als die 70 Kinder aus Berlin-Kreuzberg ankommen, ist die Polittheorie rasch außer Kraft gesetzt. Schon bei der Zimmerverteilung fragt mich die zwölfjährige Anke ganz direkt: »Onkel, darf ick mal Deine Muckis sehen?« Was wird das wohl werden?

Jetzt gilt es auf alle Fälle erst mal anzupacken und sich etwas einfallen zu lassen, sonst werden wir von den Großstadtgören im Handstreich überrollt. Doch mit dem schlichten Rezept aus Ideenreichtum und Zuwendung inklusive gelindem antiautoritären Einschlag erobern wir die Schutzbefohlenen im Fluge. Zwar verfinstern sich die Minen der Heimeltern, die mehr und mehr um den Zustand ihres brandneuen Etablissements bangen. Aber die Kinder sind glücklich und wir auch. Als wir uns nach drei Wochen kaum voneinander trennen können, spüren alle, es wird nicht das letzte Mal bleiben, dass wir uns getroffen haben. Wie wäre es, schlage ich vor, mit einem Filmprojekt?

Meine wahre Leidenschaft meldet sich zurück. In einem dänischen Ferienhaus drehen wir ein Jahr später tatsächlich einen ambitionierten Streifen. Natürlich ist es wieder ein Liebesfilm. Und natürlich lasse ich auch nicht den leisesten Zweifel in mir aufkommen. Mein nun mal gewähltes Studium werde ich eisern durchziehen.

Schwerer Abschied, tiefer Einschnitt

Der Professor, der für das Fortgeschrittenenpraktikum in organischer Chemie verantwortlich ist, zeichnet sich vor allem durch eines aus: seine unüberbietbare Gemütlichkeit. In seinem Labor läuft ohne Unterlass eine Destillierapparatur, die dem vergällten und deshalb steuerfreien Laboralkohol zu neuer Reinheit verhilft. Verwendung für das Produkt gibt es in seinem Herrschaftsbereich zur Genüge. Jedes Jahr im Herbst schwärmt die versammelte Labormannschaft in das nahe Heckengäu aus, um reich bepackt mit den Früchten der landschaftsprägenden Schlehenbüsche wieder heimzukehren. In riesigen Glaskolben werden die Früchte in den günstig renaturierten Alkohol eingelegt, Vorrat genug, um übers Jahr die täglichen Besprechungen im Labor zu verschönern.

Zum Praktikum gehört auch die Erarbeitung einer ersten Probestunde für das schulische Unterrichtsfach Chemie. Nachhaltig inspiriert durch das Milieu, in dem ich gerade tätig bin, wähle ich zielstrebig das Thema: Äthanol, Alkohol. Dabei spekuliere ich auch auf den Unterhaltungswert des Themas. Das wird bestimmt amüsant, der joviale Herr Professor und die Feuerzangenbowle lassen grüßen.

In meinem Zimmer im Studentenwohnheim sitze ich in heiterster Verfassung über dem geplanten Ablauf meiner Probestunde, die ich morgen vor dem versammelten Semester halten soll. »Wieland, Telefon für Dich«, ruft meine Zimmernachbarin leicht genervt durch die Tür. Ein Anruf, so spät? »Vati, Du bist es«, sage ich und spüre sofort, dass sein Anruf nichts Gutes bedeuten kann: »Deine Mutter wurde gerade ins Krankenhaus gebracht.« Letztes Wochenende war ich doch noch zu Hause. Ich sehe sie vor mir, wie immer strahlend. Die Qualen ihres Lebens ließ sie sich zumindest mir gegenüber nie anmerken: ein Herzfehler, chronisch hoher Blutdruck und ein untreuer Ehemann. 64 Jahre alt ist sie und noch immer voll im Beruf. Erst jetzt erinnere ich mich an etwas, das mir ein Warnsignal hätte sein müssen. Beim Servieren des Desserts, ihre selbsteingemachten Kirschen, hält sie das Tablett auffällig schief, bis der Kirschensaft blutrot auf die Tischdecke tropft. Keiner der Anwesenden reagiert darauf.

Jetzt am Morgen stehe ich an ihrem Krankenbett. Sie erkennt mich nicht, verwechselt mich mit einem anderen ihrer Söhne, redet so freundlich wie wirr. Die Ärzte wagen keine Prognose. Die folgende unruhige Nacht wachen Christel und ich an ihrer Seite. Wenige Stunden nachdem wir am Morgen völlig übermüdet das Krankenhaus wieder verlassen haben, stirbt sie allein.

Der Schock trifft nicht nur uns. Das ganze Dorf leidet, ihre derzeitigen wie ihre ehemaligen Schüler ganz besonders. Ich will, so gut ich kann, meinem Vater beistehen und beschließe, die nächsten Tage erst einmal zu Hause zu bleiben. Am Tag nach der Beerdigung teilt er mir mit, das sei nicht nötig, morgen fahre er erst einmal weg, mit einer Frau, seiner Geliebten. Erst jetzt wird mir schlagartig bewusst, was der Tod meiner Mutter für mich bedeutet: Nichts weniger als den Verlust des Elternhauses. Zum Glück gibt es Christel noch und meinen Bruder Werner. Als der Vater aus dem Haus ist, räume ich hektisch meine persönliche Habe zusammen und bringe sie zu Werner. Auf eine ganz selbstverständliche Weise finde ich dort Unterschlupf und Ersatz für mein verlorenes Zuhause.

Mit einigen Wochen zeitlicher Verzögerung halte ich dann doch noch meine heitere Probeschulstunde über den Alkohol. Dass mir noch immer zum Weinen ist, sehen nur die, die mich kennen. Es geht jetzt zügig in Richtung Examen, gleichzeitig wächst meine Ratlosigkeit. Die Begeisterung für ein Leben im Chemiesaal oder gar in einem Labor hat sich bereits spürbar verflüchtigt. Welche Erwartungen mein Bruder und Mentor Werner an mich hat, ist offenkundig. Aber was will ich? Was will ich wirklich? Den Rettungsanker wähne ich in meinem Zweitfach Geographie und verstärke dort mein bisher eher schwaches Engagement. Es sollte das Vorspiel zu einer Schicksalsentscheidung werden.

Grüne Insel

Meine Stimme ist weg, wirklich komplett weg. Gerade habe ich noch überlegt, ob mein Englisch für die Aufgabe, die mir bevorsteht, ausreicht. Und jetzt kommt kein Ton mehr aus meinem Mund, keiner, egal welcher Zunge.

Am 1. März 1972 sitze ich in meinem VW-Käfer mit Kurs auf die Britischen Inseln. Ab Rotterdam soll es auf die Fähre gehen, dann durch England und schließlich von Liverpool mit der Fähre nach Dublin. Der Kofferraum ist vollgepackt. Den meisten Platz nehmen Kartons mit Unmengen hektographierter Fragebögen ein, die ich in den nächsten drei Monaten abarbeiten soll für mein geographisches Forschungsprojekt: Die Auswirkungen der Industrialisierung Westirlands. Das Vorhaben hatte ich meinem murrenden Professor mit Mühe abgetrotzt. Zwar kannte ich Irland kaum, hatte aber irgendwie ein Faible dafür entwickelt – mein Professor indes ganz und gar nicht. Doch, wo ein Wille, da ein Forschungsprojekt. Gut ausgestattet mit einem DAAD-Stipendium begebe ich mich schließlich auf Irlandkurs – leider erst einmal stimmlos.

Ob es sich um die Folgen der Abschiedsfeier im Studentenwohnheim handelte oder die Sache eher dem Bereich Psychosomatik zuzuordnen war, blieb unklar. Die stumme Anreise beschert mir jedenfalls ein Kommunikationsfiasko sondergleichen. Ob am Fahrkartenschalter, beim Zoll oder beim Einschiffen, überall dasselbe eindeutige Feedback: Mit dem stimmt wohl etwas nicht. Als ich nach drei qualvollen Tagen mein Ziel, die kleine Hafenstadt Galway im Westen der Grünen Insel erreiche, kann ich immerhin schon wieder krächzen.

Doch der nächste Schock lässt nicht lange auf sich warten. Die vorsorglich schon von zu Hause aus gebuchte Unterkunft in der Lower Canal Street entpuppt sich bei Inaugenscheinnahme als eine Art Männerwohnheim – vorzugsweise offensichtlich für gestrandete Seeleute. Die Zimmer sind zellenartig und schlecht beheizt, nur Papierwände trennen mich vom schnarchenden Matrosen nebenan. Am Morgen darauf bin ich mir sicher: Hier bleibst Du keine weitere Nacht. Bei einer ernüchternden langen Suche im Badevorort Salthill stoße ich dann überraschend doch noch auf eine barmherzige Vermieterin: Als ich ihr die engen monetären Grenzen eines deutschen Jungakademikers offenlege, ist die Reaktion zunächst eindeutig: »Sorry.« Dann muss ich wohl im Treppenhaus den traurigsten meiner verfügbaren Blicke aufgesetzt haben. Ich bin fast schon weg, als sie mir hinterherruft: »Stop! You get it!«

Das Zimmer ist ein Traum. Direkt vom Bett aus bietet sich ein Panoramablick über die jetzt betörend im Abendlicht gleißende Bucht von Galway. Da liege ich nun und werde völlig unvorbereitet übermannt, in Panik versetzt durch ein Gefühl, mit dem ich in meinem bisherigen Leben so gut wie nichts zu tun hatte: Einsamkeit. Was mich jetzt erstmals ereilt hatte, entwickelte sich in den Folgetagen und Wochen zu einer ständig wiederkehrenden Attacke. Was soll ich hier? Ich kenne hier keinen Menschen, da mag das Land so schön sein, wie es will. Die Freundin, die Freunde, der mir noch verbliebene Teil der Familie, bis vergangene

Woche waren sie alle zum Anfassen nah. Offenbar bin ich noch immer das schüchterne Kind vom Lande – untauglich für die weite Welt?

Um der akut drohenden depressiven Verstimmung zu entkommen, stürze ich mich Hals über Kopf in die Arbeit. Die Hundertschaften von Fragebögen wollen schließlich ausgefüllt werden: Endlose Interviews mit Managern, Beschäftigten und der Bevölkerung im Umland. Doch die Einsamkeit lähmt. Etwas Linderung bringt immerhin das regelmäßige Abtauchen im Gästebad meines Domizils.

Mittlerweile kenne ich diese Verhaltensweise an mir. Immer wenn ich unter besonderem Druck stehe, Kontakte zu knüpfen, neue Bekanntschaften zu machen, sperre ich mich. Quasi aus Selbstschutz rolle ich deshalb sogar am höchsten irischen Feiertag, dem Saint Patrick's Day, mit meinen Fragebögen durch Galways Hinterland. Drei Interviews mit Farmern habe ich schon hinter mir, als nach einer Kurve plötzlich ein Tramper vor mir steht, ein Mann, seinem Outfit nach offenbar eine Art Hippie, zu seinen Füßen zwei riesige schwarze Koffer.

Ich halte an. Da nach spätestens zwei Meilen das nächste Interview ansteht, kann ich ihm keine großen Hoffnungen auf eine längere Mitnahme machen. Aber während ich noch argumentiere, hat er seine beiden Koffer schon in den VW gequetscht und sitzt jetzt neben mir. Sofort beginnt er zu erzählen: Er hat ein kleines Haus 30 Meilen von hier. Er zeigt es mir auf der Karte: Das Ende der Welt. Keine Elektrizität, kein fließendes Wasser. Seit sechs Monaten wohnt er jetzt hier mit seiner Frau, einer Deutschen, die er in Australien kennengelernt hat. Sein Vater ist Direktor der Guinness-Brauerei in Dublin. Er hat ihm das Haus überlassen. Und was ist er selbst? Hippie und Künstler. In den Koffern: seine Bilder.

Inzwischen denke ich gar nicht mehr daran, dass ich nach zwei Meilen eigentlich ein Interview führen wollte. Wir fahren durch eine Gegend, die das Herz des Ästheten und Geographen gleichermaßen erfreut: Joyce's Country. Alle paar Meilen ein einsames Haus, und alle ansässigen Familien, so mein Begleiter, heißen Joyce. Endlich erreichen wir unser Ziel. Die Tür des Hauses steht offen, drinnen brennt ein Torffeuer im Kamin. Aber wo ist Inge, die Frau meines Begleiters? »Maybe she's up the hill?«, beruhigt der Nachbar, der herbeigeeilt ist, um Michael zu begrüßen. Sollen wir sie suchen? Aussichtslos, lass uns warten! Als sie endlich auftaucht, ist es schon längst dunkel. Sie muss wohl auf einem der umliegenden Gipfel etwas zu ausgiebig meditiert haben.

Jetzt kann ein Joint nicht schaden. Auch diese zweite Gelegenheit in meinem Leben lasse ich dankend aus. Beseelt von ihrem Hippie-Leben berichten die beiden, was sie hier im Niemandsland völlig autark aufbauen wollen. Selbstversorgung ist geplant, leider hätten die Rabbits in der letzten Saison den ganzen Cabbage weggefressen. Außerdem habe sich der felsige Untergrund bedauerlicherweise als nicht gerade ertragreich entpuppt. Während intensiv weiter geraucht und erzählt wird, stelle ich irritiert fest, dass Inge mir immer deutlicher schöne Augen macht. Kurz denke ich über die möglichen Reize des Hippielebens nach und auch über die eher bodenständige Frage, wer das Ganze hier eigentlich finanziert. Dann entschließe ich mich doch noch, allmählich aufzubrechen. In langer kurvenreicher Nachtfahrt kehre ich zurück, zurück in die Einsamkeit meiner kleinen spießigen Forscherwelt. Zum Abschied hat mir Inge heimlich noch ein Buch zugesteckt: eine englischsprachige Fassung von Hermann Hesses »Steppenwolf«.

Wie lange arbeiten Sie schon in dieser Firma? Welche Ausbildung brauchten Sie dafür? Es ist jetzt schon der zwölfte Fragebogen, den ich abarbeite, danach will ich es für heute genug sein lassen. Mein letztes Opfer habe ich in der Werkskantine aufgegabelt. Wie sich bald herausstellt, die Assistentin der Geschäftsleitung in einem der Vorzeigeunternehmen in Galways neuem Industrial Estate. Geduldig und charmant beantwortet sie meine 35 Fragen, was mich in einem Anfall von Kühnheit veranlasst, spontan noch eine Frage 36 anzuhängen: »Können Sie sich vorstellen, mit mir am Wochenende nach Killarney zu fahren?« Es ist die fast nüchterne Selbstverständlichkeit ihres »Ja«, die mich erst einmal verstummen lässt. Dann aber meint sie, sie wolle lieber doch noch kurz ihren Vater fragen. Zum Glück hat er seinen Arbeitsplatz in derselben Firma. Fünf Minuten später kehrt sie zurück. Sein mutiges Votum: »Give him a chance.«

Was hatte diese junge Frau veranlasst, sich zu einem wildfremden Menschen ins Auto zu setzen, um mit ihm den Süden Irlands zu erkunden? Vermutlich hatte ich damals schon die Ausstrahlung, die man mir später des Öfteren nachsagen sollte: Irgendwo zwischen Pfarrer und Vertrauenslehrer. Auf jeden Fall war das Thema Einsamkeit damit erst einmal abgeschlossen. Bedenken wegen Christel plagten mich nicht. Hatten wir uns nicht beide schon längst voneinander entfernt?

Catherine erwies sich geradezu als Inkarnation des Irischen, etwa durch Sätze wie: »When God made the time, he made plenty of it.« Oder: »I need my potatoes every day.« Letzteres gab sie zum Beispiel in Lydon's Restaurant von sich, während sie genüsslich Spaghetti Bolognese mit French Fried Potatoes als Beilage verzehrte. Als sie von unterwegs pflichtschuldig zu Hause anruft, lautet ihre erste Frage: »How is the weather like?«

Dass es in Irland pausenlos regnet, ist übrigens ein schnödes Vorurteil. Es gibt zuweilen auch Unterbrechungen – gelegentlich mehr als zehn am Tag. Das Wetter ist ob seiner permanenten Wechselhaftigkeit das unangefochtene Gesprächsthema Nummer eins – weit vor Pferderennen und der damals umstrittenen Frage des Beitritts zur Europäischen Gemeinschaft.

Als wir in Killarney in einer bezahlbaren Pension einlaufen, besteht meine Begleiterin auf zwei getrennten Zimmern. Am nächsten Tag ist der Himmel verhangen. Mürrisch wird das suspekte Paar beim Frühstück vom schweigsamen Gastgeber beäugt. Nach einer Viertelstunde spüren wir, dass er etwas sagen will. Unter Qualen drückt er es schließlich aus sich heraus: »I think it's not a bad type of a day.« Nein, das ganze Wochenende entwickelte sich – nicht nur meteorologisch – besser als gedacht. Die Temperaturen steigen tatsächlich auf über 20 Grad und am Folgetag titelt das *Killarney Journal*: »The heat is on!«

In der Irish Night, die wir uns zum Abschluss vorgenommen haben, tanzen wir uns die Lunge aus dem Leib. Kurz vor Ende erheben sich plötzlich alle. Den letzten Tanz will ich mir nicht entgehen lassen. Doch da hält Catherine mich rigoros zurück. Gerade noch rechtzeitig. Denn aus tausend Kehlen erklingt sie jetzt, die irische Nationalhymne. Um nicht noch weiter unangenehm aufzufallen, brumme ich irgendwie mit.

Vorbei die Einsamkeit. Ich fühle mich ab sofort privilegiert. Catherine hat sich offenbar vorgenommen, mir an den nächsten Wochenenden ihr Irland näherzubringen. Auf Achill Island vor der Westküste kennt sie am äußersten

Ende der einsamen Inselstraße ein Pub, das sie mir unbedingt zeigen will. Kaum ein Polizist verirrt sich je an diesen
abseitigen Flecken Erde, was eine gewisse Laxheit in Sachen
Sperrstunde zur Folge hat. Und wenn trotzdem mal ein
Sheriff im Anrollen ist, greift eine Telefonkette, die sich entlang der Stichstraße als Frühwarnsystem bestens bewährt
hat.

Unser Late-Late Pub, wie wir die Kneipe taufen, liegt nur
wenige Hundert Yards oberhalb der legendären Keem Bay,
in der von April bis Mai angeblich jedes Jahr Riesenhaie in
Schwärmen gesichtet werden. Die für Menschen harmlosen
Basking Sharks sind, zumindest damals noch, eine begehrte
Beute für Heerscharen emigrierter Inselbewohner, die eigens
zu diesem Zweck alljährlich auf ihr Eiland zurückkommen.
Die fettreiche Leber der Tiere ist in der Kosmetikindustrie
heißbegehrt und wird sehr gut bezahlt, was auch im Umsatz
des Late-Late Pubs seinen erfreulichen Niederschlag findet.
Wir selbst haben übrigens bei unserem Inselbesuch keinen
einzigen Hai gesehen – außerdem auch keinen Polizisten.

Bienenfleißig bringe ich in den Folgewochen meine
Forschungsarbeiten vorzeitig zum Abschluss. Aufs Neue
scheint sich empirisch zu bestätigen: Wenn der Gefühls-
haushalt stimmt, bin ich zu Höchstleistungen fähig. Und
bald schon öffnet sich das herbeigesehnte freie Zeitfenster
für einen letzten gemeinsamen Ausflug mit Catherine. Die
Aran-Islands, drei winzige, zwei Schiffstunden westlich von
Galway gelegen Eilande, waren in den Dreißiger-Jahren
durch den britischen Filmregisseur Robert J. Flaherty zu
einem irischen Mythos geworden. In seinem reißerischen
Dokudrama »Men of Aran« geht es um den Überlebenskampf der Inselbewohner. Der Hintergrund: Karges Land
und tosendes Meer. Das interessiert mich.

Als unser Reisetermin näher rückt, nehmen, als geschehe es aus dramaturgischen Gründen, die Windstärken erst beharrlich und schließlich auch bedenklich zu. Der Schiffsverkehr zu den Arans wird bis auf Weiteres eingestellt. Catherine findet Ersatz: Von einer Kuhweide vor der Stadt fliegt am Wochenende eine zweimotorige Islander-Maschine auf die Arans. Ziemlich teuer – aber darf das jetzt eine Rolle spielen? »Hoffentlich ist der Pilot auch sturmerprobt«, denke ich noch, als ich zum ersten Flug meines Lebens abhebe, und da beginnt es auch schon zu ruckeln und zu zuckeln. Man hat mir großzügig den Co-Piloten-Sitz angeboten, da ich für meine Examensarbeit wenigstens ein paar Aufnahmen aus der Luft machen will. Jetzt aber wirft es mich mit einer solchen Wucht durchs Cockpit, dass ich nur aus einem Grund die Fassung behalte: Es ist mein erster Flug überhaupt. Es fehlt mir jede Vergleichsmöglichkeit. »Thank you for the wonderful landing«, sage ich noch zum Piloten, als wir am Strand von Inisheer noch immer bebend vor Angst endlich wieder festen Boden unter den Füßen haben.

Die Tage auf den Arans gestalten sich schwieriger als gedacht. Über allem schwebt mein bedrohlich nahender Abreisetermin. Als beim Rückflug der Sturm definitiv vorbei ist und das Flugzeug möwengleich und vollkommen unerschüttert durch die Luft gleitet, wird uns erst bewusst, wie dünn der Faden war, an dem unser Leben beim Hinflug hing. Aber so etwas bindet. Auf der umfunktionierten Kuhweide wartet vollbepackt und reisefertig mein Auto. Da die Fähre nach Liverpool sehr früh am nächsten Morgen ablegen wird, will ich die 140 Meilen nach Dublin heute Abend noch hinter mich bringen. Aber zuvor muss ich Catherine noch zu Hause abliefern. Als ich mich vor ihrem Elternhaus stilvoll von ihr verabschieden will, passiert etwas Unvorhergesehenes: Sie steigt nicht aus, bleibt einfach sitzen. Sie fahre jetzt mit nach Dublin. Dass morgen Montag ist und ein ganz normaler Arbeitstag, das sei jetzt gleichgültig. Ich wage keinen Widerspruch.

Als sie mir im Morgengrauen vom Pier aus zur auslaufenden Fähre hochwinkt und ich ihren Abschiedsgruß von der Reling nicht minder ausdauernd erwidere, verfestigt sich bei mir das sichere Gefühl, ein Schuft zu sein. Langsam verliert sich ihre Figur im Morgennebel.

Die Wende

»God made the time and he made plenty of it.« Offensichtlich hatte ich in den vergangenen Monaten mehr von der irischen Lebensart inhaliert, als ich selbst wahrhaben wollte: In Stuttgart angekommen, lasse ich mir für alles sehr viel Zeit und bin im Gegensatz zu früher bei Verabredungen verlässlich unpünktlich. Meinen Forschungsbericht bringe ich allerdings noch zügig zum Abschluss. Selbst mein Professor ist jetzt nicht mehr mürrisch und honoriert mein Ergebnis mit einer Eins. Die Staatsexamensprüfungen in Chemie und Geographie hatte ich schon zuvor ebenfalls mit der Bestnote absolviert. Was will ich mehr? Die Tür zu einer Karriere als Studienrat (oder gar mehr?) steht jetzt ganz weit offen. Aber will ich das wirklich? Und wenn nicht, was dann?

Meine Ratlosigkeit wird immer quälender, meine Lustlosigkeit auch. Vielleicht doch erst einmal promovieren, am besten in Geographie. Das kann nicht schaden und legt mich nicht fest. Ohne Begeisterung treffe ich mich mit meinem Professor zu einem ersten Doktorandengespräch. Und da – völlig ungeplant und unerwartet – geschieht es. Eigentlich hat der noch immer chronisch schlechtgelaunte Professor dieses Mal keinen Grund zu murren. Kreuzbrav wähle ich zu seiner Freude kein Exotenthema, sondern eine Fragestellung, die er liebt und die ihn mindestens schon zwei Jahrzehnte forschend in Atem hält: Die Lebensbedingungen in Großstadtregionen. In meinem Fall sollten sie am Beispiel der Region Stuttgart wissenschaftlich analysiert werden.

Ich kann heute nicht mehr sagen, wie der dann folgende spontane Gedankenblitz den Weg in meinen Kopf und dann auf meine Lippen gefunden hat, denn ich frage mutig und mit leuchtenden Augen: »Könnten Sie sich vorstellen, dass ich als Anlage zur Doktorarbeit einen Film produziere?« Jetzt war es ausgesprochen. Was ich damals noch nicht einmal zu ahnen wagte: Sein überraschendes »Ja« sollte zur entscheidenden beruflichen Weggabelung meines Lebens werden.

Wer einen richtig professionellen Film drehen will, so baue ich mir jetzt selbst die Brücke, der sollte wohl auch das Handwerk beherrschen. Keine Frage, ich brauche schnellstens ein Praktikum, am besten beim Fernsehen, am naheliegendsten beim SDR. Immerhin kennt der Professor einen Redakteur beim Schulfunk, den soll ich mal anrufen. Von ihm erfahre ich, wen ich im Sender anschreiben kann. Und tatsächlich, Anfang Februar erhalte ich einen Brief vom Personalreferat:

Sehr geehrter Herr Backes,
wir sind bereit, Sie vom 19. Februar bis 16. März 1973 als
Hospitant zu beschäftigen. Für Ihre Tätigkeit erhalten Sie eine
monatliche Vergütung von DM 100,-. Bei Krankheit entfallen
die Bezüge nach dem zweiten Krankheitstag. Gleichzeitig ma-
chen wir darauf aufmerksam, dass aus dieser Hospitantenzeit
kein Rechtsanspruch auf eine Festanstellung beim Süddeutschen
Rundfunk abgeleitet werden kann.

Auch der überschwänglich freundliche Ton dieses Schreibens kann meine Euphorie nicht bremsen. Und was den Anspruch auf Anstellung betrifft: Ich will ja nur schnell etwas lernen, um dann als freischaffender Jungfilmer kühn den Olymp der Branche zu erklimmen. Am 19. Februar, kurz vor 10 Uhr, erscheine ich also verabredungsgemäß in der Redaktion der Abendschau Baden-Württemberg. Das Regionalmagazin ist damals die wichtigste tägliche Hervorbringung des Fernsehens im Südwesten. Neben dem federführenden SDR ist auch der SWF in Baden-Baden daran beteiligt. Die kooperierenden Sender verbindet eine schon viele Jahre währende innige Feindschaft.

In der Redaktionssitzung im hochgradig verqualmten Chefbüro im Fernsehstudio Berg habe ich das Gefühl, noch nie mit so vielen bedeutsamen Menschen in einem Raum zusammengesessen zu haben. Manfred Strobach steht erst seit Kurzem an der Spitze der Redaktion und unter nicht geringem Erfolgsdruck. Er ist der Nachfolger des legendären Ulrich Kienzle, der die Abendschau gründlich entrümpelt und modernisiert hat.

»Was haben Sie studiert, Chemie und Geographie?«, fragt mich Strobach bei meiner Ankunft. »Na, endlich mal kein Soziologe.« Danach der Stellvertreter: »Wie heißen Sie, Backes? Na ja, den Namen wird man sich wohl nicht merken müssen.« Schnell wird mir klar, dass in diesem Redaktionsteam eine klare Rangordnung herrscht: Da gibt es die erlesene Gruppe der Stars, danach die irgendwie Akzeptierten und schließlich die eher randständigen Loser, deren Weiterbeschäftigung zumindest à la longue auf der Kippe steht. Was sie alle verbindet, so empfinde ich es jedenfalls an meinem ersten Tag im Fernsehmilieu, ist eine gepflegte Arroganz – offenbar eine zwangsläufige Folgeerscheinung der Beschäftigung beim gar so wichtigen Medium. Wie soll ich mit meiner Schüchternheit hier auch nur einen Fuß auf den Boden bekommen? Aus reiner Not beschließe ich jetzt, ebenfalls arrogant zu sein – wenn auch nur heimlich. Ich denke mir ganz unbescheiden: Was die hier können, das kann ich auch.

Technisch betrachtet stellt sich der Sender für einen Amateur wie mich als einziges Füllhorn dar, das Paradies schlechthin. Eines nehme ich mir fest vor: Diese vier Wochen sollen nicht ungenutzt an mir vorüberziehen. Und tatsächlich: Einer der Redakteure, der als Vertreter des befeindeten Südwestfunks in die SDR-Redaktion implantiert wurde, Hans-Georg Joepgen, sucht das freundliche Gespräch mit mir. »Was, Sie sind Chemiker? Ich produziere gerade eine Serie, in der wir Fälle von Umweltverschmutzung konkret aufgreifen und anprangern wollen. Haben Sie, als Fachmann, eventuell Lust, mitzumachen?« Fachmann, das klingt gut.

Ich fühle mich geschmeichelt, will aber vorerst schauen, ob ich überhaupt irgendeinen Filmauftrag für das Magazin ergattern kann. Zum Glück habe ich vor der Realisierung meines ersten Filmbeitrags den zweiten Auftrag schon in der Tasche, denn der erste, ein Beitrag über das anspruchsvolle Thema »Betrügerischer Verkauf von Heizdecken«, ist gründlich danebengegangen. Jetzt habe ich keine Wahl mehr: Der zweite Versuch muss einfach ein Erfolg werden. Und ich habe Glück. Das Thema, die damals wildwuchernden Hochhaussiedlungen auf vormals grünen Wiesen, ist für mich eine Art Heimspiel. Im Laufe der Filmabnahme hellt sich der Blick meines Redaktionsleiters erkennbar auf. Als wir mit dem Lift aus den Tiefen der Schneideräume in die Redaktion zurückfahren, blickt mir Manfred Strobach

Als Jungfilmer mit Freund Norbert Daldrop, mit dem ich meine Filmbegeisterung teilte.

bedeutungsvoll in die Augen und sagt: »Sie können optisch denken.« Ich erkenne das damals zwar noch nicht, aber das ist der Ritterschlag. Ohne großes Aufheben verwandelt sich mein Status nach vier Wochen von dem eines lästigen Hospitanten in den eines erwünschten und gut bezahlten freien Mitarbeiters.

Zu Hause wartet indes ein verwaister Schreibtisch auf mich. Die Arbeit an der Dissertation muss endlich losgehen. Ein halbes Jahr später wird mir schmerzhaft bewusst, dass ich noch keinen einzigen Strich dafür getan habe. Die sich häufenden Fernsehaufträge erweisen sich als verführe-

risch und für einen angehenden Doktoranden als geradezu
tückisch. Wissenschaft und Filmedrehen, die beiden Dinge
vertragen sich offenbar überhaupt nicht miteinander.

Hans-Georg Joepgens Umweltserie, die er von einem
Kollegen übernommen hat, macht mittlerweile von sich
Reden. Es ist die erste Reihe dieser Art im Deutschen Fernsehen, und der erfahrene Reporter betreibt sie mit investi-
gativer Leidenschaft. »Drei Tage und drei Nächte wartet das
Abendschau-Team versteckt am Ufer der Rems, dann ist es
so weit: Die Abwasserventile werden geöffnet. Tausende Li-
ter einer hochgiftigen Brühe fließen illegal in den Fluss.«
Das ist der Tenor der Beiträge, an denen ich jetzt mitarbeiten darf – als »Experte«. Ich drehe nicht nur selbst, sondern
werde immer wieder auch zur toxikologischen Einordnung
der Fälle herangezogen. Fast ein wenig zu viel der Ehre.
Beim hundertsten Fall widmet die Redaktion dem Thema
eine ganze Sendung. Die Bilanz kann sich sehen lassen: Fünf
Jahre läuft die Umweltserie bislang, und in rund zwei Drittel der angeprangerten Fälle hat sie spürbar etwas verändert.
Lange können Joepgen und sein Junior-Partner den Erfolg
allerdings nicht genießen. Bereits am nächsten Tag klingelt
frühmorgens mein Telefon. Noch etwas schlaftrunken höre
ich Joepgens erregte Stimme: »Wieland, es hat Tote gegeben,
wir müssen sofort losfahren …«

Im Auto werde ich näher über den Fall informiert: Nach
einem Aufenthalt auf einer brennenden Müllhalde bei
Pfullendorf im Bodenseeraum sind zwei Kinder gestorben.
Kaum 90 Minuten später sind wir vor Ort. Die völlig un-
gesicherte Müllkippe brennt tatsächlich. Beißende Dämpfe
lassen die Augen tränen. Zum Glück trifft nur wenige Minuten nach uns das Kamerateam aus Baden-Baden ein und
kann das brennende Verbrechen in eindrucksvollen Bil-

dern festhalten. Für meinen Kollegen ist klar, diese giftigen Dämpfe haben den Kindern das Leben gekostet. Dann wird meine Sicht als Fachmann eingeholt. »Keine Frage, so war es.« »Brennende Müllkippe tötet zwei spielende Kinder«, lautet die aufrüttelnde Schlagzeile in der Abendschau des Folgetages.

Ausgerechnet die *Bild*-Zeitung weiß es am nächsten Morgen besser: Die Kinder seien an Herztabletten gestorben, die sie auf dem Weg zur Müllhalde gefunden und für Bonbons gehalten hätten. Und tags darauf hat das Boulevardblatt schließlich auch noch das Obduktionsergebnis auf seiner Seite. »Ebenfalls ein Skandal, aber eben ein anderer«, denke ich und nehme mir fest vor, meine Expertenkarriere künftig etwas vorsichtiger zu verfolgen. Übrigens: Von einem weiteren Brand auf einer Pfullendorfer Müllkippe ist mir seither nie etwas zu Ohren gekommen. Aus Neugier fahre ich etwa ein Jahr später noch einmal an den Ort des Geschehens. Meine Fahrt endet vor einem mehr als drei Meter hohen Sicherheitszaun …

Die Umwelt, die Zersiedlung der Landschaft, die menschenfeindliche Sanierung der Städte, diese Themen der Zeit werden auch zu meinen Themen. Was ich an Filmbeiträgen abliefere, trifft oft ins Mark, kommt erfreulicherweise meistens gut an … Da liegt es doch auf der Hand, die Doktorarbeit an den Nagel zu hängen. Alle in der Redaktion raten mir dazu. Doch ich sehe mich schon im Haifischbecken untergehen und bleibe daher hart: dem Sender gegenüber und noch mehr gegenüber mir selbst. Ein Albtraum beginnt.

»Wie viele Seiten hast Du heute geschrieben?« Die allabendliche Frage meiner Freundin, mit der ich vom Studentenwohnheim in die erste gemeinsame Wohnung gezogen bin, fürchte ich jeden Tag aufs Neue. Meistens bringe ich nicht mehr als eine oder zwei Seiten zu Papier. Ich weite die Zeit am Schreibtisch aus, arbeite fast rund um die Uhr, inklusive am Wochenende. Irgendwie war mir der Einstieg ins Thema misslungen: Es fehlt eine überzeugende Fragestellung. Auch von einer schlüssigen Methodik kann nicht die Rede sein. Es ist nicht mehr zu übersehen: Herr Backes hat sich übernommen. In den letzten Monaten habe ich mir offenbar vor allem eines erarbeitet: eine handfeste Neurose.

Zur Rettung spanne ich nahezu meinen gesamten Freundeskreis ein, um mich bei meinen Fragebogen-Interviews zu unterstützen. Das Manuskript gewinnt an Dicke, aber nicht an Substanz. Und dann ruft auch noch zu allem Überfluss immer wieder der Sender an … Da greift meine liebevoll besorgte Freundin zur Notbremse: Nachtarbeit ist ab sofort tabu. Und am Wochenende, so die strenge Vorgabe, geht es raus ins Grüne … Irgendwann erinnere ich mich daran, dass ich ja zu meiner Dissertation auch noch einen Film präsentieren wollte. Beim Doktorandengespräch stelle ich jedoch fest: Mein Professor hat das inzwischen völlig vergessen.

SDR-Fernsehdirektor Horst Jaedicke ist ein Fernsehmann der ersten Generation und hat den Ruf, ein eigenwilliger Kauz zu sein, ein unberechenbarer Patriarch, der seine Belegschaft ohne Rücksicht auf Rang, Alter oder Geschlecht grundsätzlich mit Du anredet. Dass er rundum beliebt sei, kann man nicht behaupten, aber Autorität hat er schon – und natürlich Macht. Eines weiß ich sicher: Um den Film für meine Doktorarbeit verwirklichen zu können, muss ich mich direkt in die Höhle des Löwen wagen. Ernst sitzt er jetzt mir gegenüber, wiegt sein bärtiges Haupt bedenklich hin und her. Nach mehreren Minuten des Nachdenkens signalisieren die knitzen Augen hinter der Nickelbrille, dass die Entscheidung gefallen ist: »Also. Mach's. Aber mach mir koi Schand!« Erst mit etwas Verzögerung realisiere ich: Der Direktor hat mir soeben den Auftrag für meinen ersehnten ersten Dokumentarfilm gegeben.

Jetzt kreisen meine Gedanken nur noch um eines: Wie bekomme ich vorzeigbare 45 Minuten Film zusammen? Der Titel steht schon mal fest: »Ausverkauf einer Region«. Und mein Zugang zum Thema auch: Kritisch soll er sein. Ich will zwar nicht den Achtundsechziger mimen, aber fortschrittlich muss das Ganze schon daherkommen, und wenn es um Bauspekulation und die Zersiedlung der Landschaft geht, kann ja etwas Kapitalismuskritik nicht schaden.

Als Monate später der Film abnahmebereit vorliegt, will auch der Direktor höchstselbst an der Vorführung teilnehmen. Ohnehin bin ich mir sicher, dass die ganze Welt nur auf mein Werk gewartet hat. Aber die Sache steht unter einem schlechten Stern. In seiner Aufregung hat der Vorführer den Streifen asynchron in den Projektor eingelegt. Meine wunderbaren kämpferischen Sätze ertönen jetzt gehörig zeitversetzt zum Bild. Trotzdem will Horst Jaedicke die Vorführung nicht abbrechen. Schwer leidend stehe ich furchtbare 45 Minuten durch. Dann erhebt sich der Direktor und verlässt wortlos den Saal. Ausgestrahlt wird der Film zwar, da und dort auch lobend erwähnt, aber die Zuneigung meines Direktors habe ich, zumindest fürs Erste, verspielt. Und noch eines: Im Sender gelte ich jetzt als Linker, und zwar als gefährlicher.

Die wortlose Direktorenschelte noch in den Knochen, erfahre ich rein zufällig, dass die Riege der Moderatoren des Abendjournals, wie die Sendung jetzt heißt, durch neue Köpfe aufgefrischt werden soll. Es wurden offensichtlich auch schon einige Kollegen direkt angesprochen. Ich weiß

Der Nachwuchsmoderator im Kreise erfahrener Kollegen, 1975. Von links nach rechts: Karl-Heinz Darweger, Ulrich Kienzle, Manfred Nägele, Karl Ebert.

nicht, woher ich die Courage genommen habe, aber als absoluter Außenseiter werfe nun auch ich ohne ernsthafte Erfolgserwartung meinen Hut in den Ring.

Letztlich weiß ich bis heute nicht, warum ich damals überraschend zu den Auserwählten gehörte. Bereits wenige Tage nach der Probemoderation bin ich live auf Sendung. Aus heutiger Sicht, würde ich das »Üben vor den Augen der Zuschauer« nennen. In meiner grenzenlosen Aufregung fuchtle ich ohne Unterlass und völlig willkürlich wild mit meinen Armen. Als ich aus den Tiefen des Fernsehstudios in die Redaktion zurückkehre, halten die Lachkrämpfe meiner Kollegen noch immer an. Ein Wunder, dass ich nicht gleich wieder vom neuen Amt entbunden werde. Und ein Glücksfall. Denn es zeigt sich rasch: Das Moderieren verträgt sich logistisch viel besser als das Filmedrehen mit der drängenden Fertigstellung meiner Doktorarbeit. Ende 1976 kann ich sie nach vier Jahren endlich abliefern. Dass das Werk jetzt wirklich vollendet ist, kann ich erst gar nicht glauben. Häufig verfolgen mich jetzt Albträume: Nicht mehr die Bundeswehrzeit geistert durch meine Nächte, sondern die Wahnvorstellung von einer Doktorarbeit, die noch immer der Vollendung harrt ...

Dass ich zum 1. Januar 1977 bereits einen Festanstellungsvertrag in Händen halte, ist erfreulich. Trotzdem bin ich empört. Für einen promovierten Akademiker mit Berufserfahrung fühle ich mich viel zu niedrig eingestuft. Als ich beim Direktor vorspreche, gibt es kein Halten mehr. »Sie verteilen die Gehälter offenbar nach Gutsherrenart«, entfährt es mir. Für den Rest des ergebnislosen Disputes spricht er mich nun beharrlich mit »Sie« an.

Unerwartete Begegnung
mit der Zeitgeschichte

»Wieland, hast Du heute Zeit?« Etwas früher als sonst betrete ich am Morgen des 18. Oktober 1977 ahnungslos das Studiogebäude im Park der Villa Berg, als mich ein Kollege aus der Chefredaktion mit seiner Frage überfallartig abfängt. Walter Sucher hat die Nacht auf einem Feldbett in den Räumen der Redaktion zugebracht und lag damit – im wahrsten Sinne des Wortes – nicht falsch. Als einer der ersten Journalisten hat er am frühen Morgen erfahren, was in der Nacht geschehen war. Die im Hochsicherheitstrakt der Strafvollzugsanstalt Stammheim inhaftierten RAF-Terroristen Gudrun Ensslin, Andreas Baader und Jan-Karl Raspe sind tot, vermutlich ein kollektiver Selbstmord.

Seit der Entführung des Arbeitgeberpräsidenten Hanns Martin Schleyer am 5. September stehen Politik und Öffentlichkeit in der Bundesrepublik unter Hochspannung. Ziel der Geiselnehmer ist es, die überwiegend in Stammheim inhaftierten RAF-Terroristen freizupressen. Doch Bundeskanzler Helmut Schmidt und sein Krisenstab entscheiden sich für einen unnachgiebigen Kurs.

Am 13. Oktober entführen vier palästinensische Terroristen die Lufthansa-Maschine »Landshut« auf dem Rückflug von Mallorca. Damit soll der Druck zur Freilassung der RAF-Inhaftierten zusätzlich erhöht werden. Als die Maschine nach einem Irrflug über mehrere Stationen auf dem

Flughafen der somalischen Hauptstadt Mogadischu gelandet ist, gelingt der eingeflogenen Sondereinheit GSG 9 des Bundesgrenzschutzes schließlich die Befreiung der Geiseln. Kurt Stenzel, der Nahost-Korrespondent des SDR, ist zufällig gerade in der Nähe und begibt sich umgehend an den Ort des Geschehens.

Bereits am frühen Morgen ist klar, es wird eine große ARD-Sondersendung unter Federführung des SDR geben, daran lässt der herbeigeeilte Fernsehdirektor keinen Zweifel. Und ich soll sozusagen als Leihgabe der Abendschau-Redaktion daran mitarbeiten. Doch wo ist der Chefredakteur, wo ist Emil Obermann? Der vor allem durch die Sendung »Pro und Contra« bekannte Journalist steht bereits kurz vor dem Ende seiner Karriere. Er soll die Sendung moderieren. Doch, wo bleibt er nur? Als er gegen 10.30 Uhr eintrifft, hat Walter Sucher schon einen groben Ablauf der Sendung skizziert. Der erfahrene Hase Obermann ist vor allem eines: unglaublich aufgeregt. Ein nicht unmaßgeblicher Teil unserer Arbeitskraft an diesem Tag fließt bis unmittelbar vor Sendungsbeginn in die Sedierung des Chefredakteurs.

Der RAF-Spezialist des Senders war damals Manfred Nägele. Als ich im SDR anfing, hatte er sich mit »Nägeles-Hitparade«, einer einfallsreich-witzigen Reihe über Schlager, bereits das Image eines Paradiesvogels und Stars des Regionalprogramms erworben. Als studierter Jurist sollte er sich auch um die Stammheim-Prozesse kümmern. Als er zum ersten Mal im hellen Kaninchenpelz für die Tagesschau berichtet, fragen die Kollegen in Hamburg, welchen Zuhälter der SDR da vor die Kamera gestellt habe. Mittlerweile hat Nägele sich jedoch längst den Ruf eines kundigen RAF-Experten erworben. Selbstverständlich ist er am heutigen Tag ebenfalls mit von der Partie.

Ich selbst bin dem Thema bis jetzt eher aus dem Weg gegangen. Die perverse Welt des Terrors war mir gründlich zuwider und machte mir Angst. Bereits bei meiner Rückkehr
aus Irland im Juni 1972, als ich auf der Heimfahrt erstmals
Polizisten mit Maschinenpistolen an fast allen Autobahn-
ausfahrten stehen sah, hatte ich wahrgenommen, wie der
RAF-Terror unser Land in kurzer Zeit verändert hatte.

Eine Schlüsselrolle für die Sondersendung kommt dem
Filmmaterial zu, das Kurt Stenzel von der Aktion in Mogadischu mitbringen wird. Der Korrespondent soll am Nachmittag in einer Sondermaschine zusammen mit den be-
freiten Geiseln auf dem Frankfurter Flughafen landen und
dann sofort mit einem gecharterten Hubschrauber nach
Stuttgart weiterfliegen – Landung direkt neben dem Studio
im Park der Villa Berg. Das 16 mm-Filmmaterial muss dann
allerdings erst entwickelt und geschnitten werden: Ein
Wettlauf mit der Zeit. Als die Landeerlaubnis erteilt und
der Helikopter im Anflug ist, findet sich auch Intendant
Hans Bausch auf der Wiese im Park ein, um seinen journalistischen Helden zu begrüßen.

Unterdessen werden die Live-Schaltungen nach Bonn or-
ganisiert, Interviews mit dem Kommandanten der GSG 9
und anderen vorbereitet. Ins Stuttgarter Sendestudio soll
der älteste Sohn des entführten Hanns Martin Schleyer
kommen, Hanns-Eberhard. Sein Vater ist jetzt schon 43 Tage
in den Händen der RAF. Der Sohn, von Beruf selbst Anwalt,
hatte versucht, auf dem Rechtsweg die Bundesregierung
zum Einlenken, das heißt zur Freilassung der Terroristen, zu
zwingen, um das Leben seines Vaters zu retten – vergeblich.
Was die Familie Schleyer in den letzten Wochen durchlitten
hat, ist unvorstellbar. Als wir im Büro von Emil Obermann
mit Hanns-Eberhard Schleyer gemeinsam auf den Beginn

der Sendung warten, macht sich ein bedrückendes Schweigen breit. Vor uns auf dem Tisch liegt eine Pistole vom Typ Heckler & Koch HK 4. Mit einer solchen Waffe, die offenbar in die Zellen des Stammheimer Hochsicherheitstrakts geschmuggelt wurde, hat sich Andreas Baader erschossen. Später stellt sich heraus, dass insgesamt drei Waffen und eine relevante Menge Sprengstoff den Weg in den Hochsicherheitstrakt gefunden hatten. Die Frage, wie es zu diesem Skandal und dieser einmaligen Blamage für die Justiz kommen konnte, wird noch zu einem langen politischen Nachspiel führen. In der Sendung werden wir die Hintergründe nur bruchstückhaft erhellen können. Um 20.15 Uhr versammelt sich fast die ganze Nation vor dem Bildschirm. Einen Tag später wird die Leiche von Hanns Martin Schleyer in der Nähe von Mühlhausen im Elsass im Kofferraum eines abgestellten PKWs gefunden.

Auch für den Stuttgarter Oberbürgermeister Manfred Rommel sind dies besonders schwere Tage. Er selbst zählt ebenfalls zum Kreis der Gefährdeten. Doch Personenschutz für sich lehnt er ab. Bei einem Interviewtermin öffnet er für mich überraschend seine Aktentasche und zeigt mir die Pistole, die er immer bei sich trägt. Jetzt ist Rommel mit der Frage konfrontiert, wie die Toten von Stammheim beerdigt werden sollen. Dem lautstarken Volkszorn widerstehend, entscheidet er sich für eine gemeinsame Bestattung auf dem Stuttgarter Dornhaldenfriedhof. Sein Satz »Mit dem Tod muss alle Feindschaft enden!« festigt seinen weltweiten Ruf als liberaler Humanist.

Nach der Mitarbeit an der Sondersendung vom 18. Oktober soll ich jetzt auch den Filmbeitrag über die Beerdigung der Terroristen übernehmen. Was ich erlebe, ist gespenstisch. Bereits Stunden vor der Beisetzung herrscht auf dem Friedhof großes Gedränge. Man hat den Eindruck, die gesamte Sympathisantenszene sei angereist, dazwischen die Minderheit an Angehörigen. In der Menge erkenne ich den Kopf von Vater Ensslin, auch Kinder sind dabei, dazu viele Neugierige und noch mehr Medienreporter aus aller Welt. Später wird von mindestens 200 anwesenden Journalisten und über 20 Kamera-Teams die Rede sein. Am Abhang über dem Friedhof sehe ich eine grüne Wand aus Hundertschaften der Polizei. Nach der kurzen Trauerzeremonie in der Einsegnungshalle wird aus dem Weg der drei Särge zum Grab ein grotesker Albtraum. Heerscharen sich drängender, einander wegstoßender Reporter, Fotografen und Kamera-Teams beherrschen die Szene, beinahe fallen welche ins offene Grab. Die Worte des Pfarrers sind fast nicht mehr zu verstehen. Ein amerikanischer Radiojournalist spricht die Übersetzung der Grabrede simultan auf sein Tonbandgerät. Am liebsten möchte ich hier weg.

Was offenbar die meisten Reporter suchen, liefert ihnen die Szene beim polizeilich abgesicherten Abgang der Menge vom Friedhof: Ohne Aufforderung heben die Besucher aus der Szene, so als würden sie sich ergeben, die Hände – das sind die Bilder, die an diesem Tag um die Welt gehen.

Auch ein Team von Volker Schlöndorff und Alexander Kluge sehe ich. Ihr Kinofilm wird den Titel »Deutschland im Herbst« tragen und den ambitionierten Versuch einer Einordnung liefern. Auch ich versuche mit meinem Brennpunkt-Beitrag nicht in der Sensationsfalle zu enden. Ich spüre deutlich, das Kapitel RAF ist mit diesem Tag im Oktober 1977 noch keineswegs abgeschlossen.

Kein Liebling der Herrschenden

»Herr Doktor Backes, geben Sie doch zu, dass Sie Marxist sind.« Der Kollege, der diesen Satz effekthascherisch in die Runde wirft, hat zwar in der Redaktion einen eher seltsamen Ruf, aber den Anlass für seinen Auftritt hätte er besser nicht wählen können. Die Sondersitzung der Redaktion ist sehr kurzfristig von Dieter Schickling, der seit einigen Monaten die Redaktion leitet, einberufen worden. Ein Zuschauer aus Schwäbisch Hall hatte sich beim Intendanten über einen Filmbeitrag von mir massiv beschwert. Es war an sich ein eher harmloses Stadtportrait, in dem aber die Orchestervereinigung des Beschwerdeführers sträflicherweise nicht vorkam, dagegen jedoch der Jugendclub Alpha 60, eine Gründung aus der 68er-Zeit und bundesweit bekannt.

Spontan greift der Intendant zur Feder und antwortet im Klartext: »Sie haben recht, es ist wieder einmal linken Aktivisten gelungen, einen gleichgesinnten Redakteur vor ihren Karren zu spannen.« Abendschau-Chef Dieter Schickling ist empört – ja, die ganze Redaktion. Der Intendant soll in einer Sitzung vor der Redaktion erklären, wie er zu so einer fatalen Äußerung gekommen sei, andernfalls, ja, andernfalls würden wir in Streik treten. Dieter Schickling meint es ernst. Das hat sich wohl auch bis zum Intendanten herumgesprochen. Er fliegt förmlich herbei und wird im Verlauf der Sitzung immer kleinlauter. Schließlich zweifelt niemand mehr im Saal: Er hat zu einem Beitrag Stellung genommen, von dem er selbst keine einzige Sekunde gesehen hat. Keiner verliert gerne, auch Intendanten nicht … Kurz danach gewinnt mein Beitrag einen Preis beim Fernsehwettbewerb der Regionalprogramme. Ein Glückwunsch dazu aus der Intendanz geht nicht bei mir ein. Nein, ich eigne mich offensichtlich nicht zum Liebling der Herrschenden. Nur einer verhält sich mir gegenüber meist solidarisch: Dieter Schickling, dem ich die Festanstellung verdanke und der mir immer wieder zur Seite steht.

Bin ich eigentlich zufrieden mit dem, was ich als Reporter in einem Regionalmagazin bewegen kann? Früher, als ich noch als Amateur mit der Super 8-Kamera hantierte, da war es der unerreichbare Traum vom Spielfilmregisseur, Berlin oder München mindestens, wenn nicht gar Hollywood. Aber jetzt, was will ich jetzt? Rein fachlich bin ich anerkannt. Und gegen das schnöde Karrieremachen habe ich mich ja schon in meiner Abiturrede bindend ausgesprochen. Außerdem beschleicht mich das Gefühl, von den wirklich wichtigen Positionen im Medium systematisch ferngehalten zu werden – und das bei meiner, wie ich finde, doch nachweislich sehr überdurchschnittlichen Begabung. Zum Glück sorgt nach solch hypertrophen Höhenflügen meine Freundin verlässlich wieder für die nötige Bodenhaftung.

Das hindert mich bei der nächsten Redaktionsklausur allerdings keineswegs daran, unsere bewiesenermaßen egomanen Chefs mit einer Titelzeile von Günter Wallraff zu bedenken: »Ihr da oben, wir da unten«. Und das bei einem Redaktionsleiter, der gleichzeitig Chef der Gewerkschaft im SDR ist. Jetzt ist also selbst Dieter Schickling nicht mehr vor meinen Einlassungen sicher. Seine Reaktion ist knapp und eindeutig: »Was Sie da sagen, ist infam!« Das Landhotel, in dem wir tagen, verfügt über eine komfortable Sauna. Nach geschlagener Schlacht geht es geschlossen zum kollektiven Schwitzbad.

Also gut, ich möchte nicht weniger, als die Welt verändern. Darauf habe ich mich jetzt festgelegt und rufe das Jahr 1980 für mich persönlich zum »Jahr der Aktion« aus: Doch als sich die zwölf Monate dem Ende zuneigen, ist nichts passiert, gar nichts, zumindest nichts, was ich heute noch erwähnenswert fände. Nach meinem ereignislos verstrichenen »Jahr der Aktion« geht es dann tatsächlich im Folgejahr 1981 überraschend richtig los. Ich bekomme die Gelegenheit, den Prototyp einer Talkshow auszuprobieren, andere ARD-Sender laden mich ein, für sie Dokumentarfilme zu produzieren und ich werde Leiter der Abendschau Baden-Württemberg. Außerdem heirate ich und werde Vater. Nicht wenig, für ein einziges Jahr.

Das Thema der geplanten Talkshow konnte eigentlich nur von mir stammen: »Karriere, lohnt sich das?« Mit dem Kollegen Manfred Nägele soll ich gemeinsam moderieren und wir bekommen dafür sogar einen Live-Sendeplatz in der ARD, einen späten zwar, aber einen angemessenen: »Spätvorstellung« heißt unser Feldversuch. Es ist das erste Experiment in der noch wenig besiedelten Talkshowlandschaft des Deutschen Fernsehens, Menschen in einer lockeren Gesprächssituation über ein Thema zusammenzubringen.

Petra Kelly, damals die populärste Grüne, hat unter anderen zugesagt, dazu der jüngste General der Bundeswehr und als Frau im Schatten einer Karriere kommt Panja Jürgens, damals zumindest auf dem Papier noch die Ehefrau von Udo Jürgens. Wagemutig laden wir auch Domenica Niehoff ein, damals die führende Fachkraft im Rotlichtbezirk der Hamburger Herbertstraße, und seit der Schriftsteller Wolf Wondraschek sie literarisch geadelt hat, eine richtiggehende Kultfigur.

Gründlich, wie wir die Sache angehen wollen, besuchen wir sämtliche Gäste zu einem Vorgespräch. So komme ich dann auch zu meiner ersten und einzigen Dienstreise ins Bordell. In der heimeligen Küche des Etablissements führen wir mit der Erfolgsprostituierten ein ergiebiges Gespräch über die Licht- und Schattenseiten dieser doch sehr speziellen Karriere. Als wir gegen Ende des Gesprächs gefragt werden, ob wir uns nicht selbst von der Qualität des Hauses überzeugen wollten, führen wir entschuldigend unseren hohen Termindruck an und entschwinden schleunigst so unschuldig, wie wir gekommen sind.

Inzwischen hatte wohl auch die Ehefrau des eingeladenen Generals erfahren, in welcher Gesellschaft sich ihr Karriereoffizier in der Sendung befinden soll. »Mein Mann wird sich in Ihrer Sendung nicht neben eine Prostituierte setzen. Streichen Sie ihn bitte«, schrillt ihre Stimme aus dem Telefon. Wir hatten die hohe Moralität militärischer Kreise offenbar unterschätzt. Was beim Versuch, die häusliche Genehmigungsinstanz schließlich doch noch umzustimmen, den Ausschlag gab, weiß ich nicht mehr genau. Vielleicht war es der versprochene Sicherheitsabstand bei der Sitzordnung.

Die Live-Sendung dauert zweieinhalb Stunden und endet erst weit nach Mitternacht. Trotzdem stößt sie auf starke Resonanz. Der Abspann läuft noch, da ist unter den zahlreichen Anrufern auch ein Prominenter in der Leitung: Udo Jürgens himself. Er ist gar nicht angetan von dem, was ich da seiner Frau entlockt habe. »Natürlich bleibt einer auf der

Strecke«, hatte Panja Jürgens in der Sendung gesagt und meinte damit sich. Am Telefon werde ich jetzt vom Noch-Ehemann übelst beschimpft und wundere mich doch sehr über die Wortwahl eines angehenden Weltstars.

Aber es sind im Grunde nicht die Anekdoten, die dieser Produktion für mich einen besonderen Stellenwert verleihen. Ich spüre deutlich, diese Sendeform, die liegt mir irgendwie: Inhalte transportieren, aber mit leichter Hand. »Meuchlings bilden«, hat das ein Kollege vom Österreichischen Fernsehen mal genannt. Aufklärer sein, aber ohne Zeigefinger. Nach dem Erfolg der Testsendung möchte ich jetzt allzu gerne weitermachen, mit einer eigenen thematischen Talkshow. Doch da bringt ein Anruf aus Bremen unvorhergesehen alles durcheinander.

Unter deutschen Dächern

»Kienzle am Apparat.« Diese Stimme kenne ich doch, natürlich, wer da anruft ist kein Geringerer als Ulrich Kienzle, seit Kurzem Fernseh-Chefredakteur von Radio Bremen. Ohne Vorrede und Austausch von Freundlichkeiten kommt er gleich zur Sache: »Haben Sie Lust, für uns einen Dokumentarfilm zu drehen?« »Über was denn?«, frage ich. »Über Hausbesetzer in Berlin.«

»Unter deutschen Dächern« lautet der Titel der erfolgreichen ARD-Dokumentarreihe, die Radio Bremen schon reichlich Anerkennung eingebracht hat. Wenn der Sender zeigen will, dass er am Puls der Zeit ist, dann darf ein Film über Hausbesetzer nicht fehlen, jetzt da es in der Berliner Szene so richtig brodelt. Über 80 Häuser wurden bereits besetzt. Und es werden täglich mehr – Folge einer Wohnungsbaupolitik, die hochspekulativ die Interessen tausender Wohnungssuchender einfach ignoriert. Entmietung statt bedarfsbezogene Sanierung gibt den Ton an. Viele einst stattliche Bürgerhäuser, die meisten für preußische Offiziere und Regierungsbeamte errichtet, stehen leer und sind zunehmend dem Verfall preisgegeben. Ein Film über Hausbesetzer? »Im Prinzip, ja«, sage ich mutig, »aber ich muss mich beim SDR erst beurlauben lassen. Wann soll es denn losgehen?« »Am besten heute noch. Na gut, es geht auch morgen«, erhalte ich als Antwort.

Ich kenne zu diesem Zeitpunkt Berlin nur ganz flüchtig, die Berliner Szene überhaupt nicht. Doch die Anfrage
schmeichelt mir natürlich. Und das Thema erscheint mir
wichtig. Ohne auch nur eine Minute darüber nachzuden-
ken, sage ich blind zu und gebe damit ahnungslos das un-
widerrufliche Startsignal zu einem der härtesten Vorhaben
meines beruflichen Lebens.

Es ist Februar und eiskalt, als ich tatsächlich schon am
nächsten Tag in Tegel lande. Ich kenne Berlin nicht, weder
die Stadt noch irgendeinen ihrer Bewohner, und in drei Tagen soll das Filmteam anreisen. Eine Kollegin hat mir die
Telefonnummer einer möglichen Kontaktfrau aufgeschrie-
ben. Zum Glück ist sie bereit, sich sofort mit mir in einem
Café in Kreuzberg zu treffen. Monika ist von Beruf Sozial-
arbeiterin, hat aber auch, wie sich bald herausstellt, mehr
als nur einen Fuß in der Szene. Sie genießt Vertrauen und
davon strahlt bei unserem Häuserrundgang auch ein wenig
auf den Fernsehfritzen an ihrer Seite ab – ein Umstand, der
sich zumindest mäßigend auf Beschimpfungen und Ableh-
nungen an der Haustüre auswirkt.

Bis tief in die Nacht ziehen wir durch Kreuzberg und
haben schließlich vage Zusagen von der Belegschaft zweier
sehr unterschiedlicher Häuser: Das Haus in der Oranien-
straße kommt mir fast ein bisschen zu modisch und schick
daher. Kinder aus gutbürgerlichem Milieu, die kurz mal
Revolution spielen, um bald wieder brav weiter zu studie-
ren. Wenn der Film ein realistisches Bild der Besetzerszene
zeichnen soll, kommt nur das Haus im Leuschnerdamm 9
infrage. Es liegt dort, wo West-Berlin jäh endet, in trostloser
Nähe zur Mauer. Nach längerem Leerstand bevölkern jetzt
wechselnde Besetzergruppen die vier Stockwerke. Das au-
genblickliche Spektrum der Bewohner reicht vom arbeits-

losen Arbeitersohn bis zur flippigen Professorentochter, von der alleinerziehenden 16-jährigen Mutter zweier Kinder bis zum durchreisenden Althippie, manche unter ihnen zählen sich erkennbar zum harten Kern der Szene. Meine Entscheidung ist so eindeutig wie blauäugig: Der »Turm«, wie das Haus im Besetzer-Jargon genannt wird, ist das Haus meiner Wahl.

Mittlerweile ist zwar auch das Filmteam eingetroffen, aber an Drehen ist erst einmal nicht zu denken. Die Zusage für die Aufnahmen war nur vorläufig. Jetzt müsse sich die Hausgemeinschaft erst einmal zu einer Vollversammlung einfinden. Und da sitzen sie nun, die »verlorenen Kinder«, wie ich sie bald nenne, hin- und hergerissen zwischen Bedeutungsgewinn und der Angst, sich auszuliefern. Nach drei Stunden erregter Debatte können wir uns endlich auf einen groben gemeinsamen Nenner einigen. Wir wollen uns gerade für heute verabschieden, als sich zwei bis dato Unbekannte zu uns gesellen. Im Handstreich bringen sie unseren mühsam errungenen Kompromiss zu Fall. Nein, gefilmt wird hier nicht! »So schnell, wie es begonnen hat«, denke ich beim Abgang in die Kälte der Nacht, »ist mein Filmprojekt schon wieder zu Ende.«

Im Hotel kann ich kein Auge schließen, Schüttelfrost überkommt mich, ich habe Fieber. Sollen wir nicht lieber gleich alles abbrechen? Aber was für eine Blamage wäre das? Trotz Fieber wagen wir am nächsten Tag einen neuen Anlauf. Vollversammlungen versuchen wir ab jetzt zu meiden. Wir reden nur noch mit wenigen zur selben Zeit und packen ganz selbstverständlich die Kamera wieder aus. Der Chaosfaktor in der Besetzergruppe wird unser engster Verbündeter. Wir gehen auf Sicherheit, halten alles fest, was festzuhalten ist, und verbrauchen dabei Unmengen kostbaren Filmmaterials. Bis die zwei von der Vollversammlung plötzlich wieder vor uns stehen. Sie verlangen, dass ihnen das fertige Produkt vor Ausstrahlung vorgeführt wird. Ohne ihre Freigabe keine Sendung und keine weiteren Dreharbeiten. Es tut ihnen sehr leid. Ihr dezidiertes Auftreten hat einen drohenden Beigeschmack von physischer Gewalt.

Mittlerweile will ich nur noch eines, nach Hause. Wieder in Stuttgart, grüble ich dann ganze vierzehn Tage darüber nach, ob man den Versuch einer Fortsetzung überhaupt noch wagen sollte. Doch mein Redakteur in Bremen besteht darauf.

Die Gemeinschaft der Turm-Besetzer hat sich in den zwei Wochen Drehpause schon wieder verändert, dieses Mal aus unerfindlichen Gründen zu unseren Gunsten. In bester Harmonie drehen wir die letzten Szenen auf der riesigen Abrissfläche direkt vor dem Haus: Michi, die junge zweifache Mutter und ihr derzeitiger Hippie-Freund haben sich malerisch auf einem aufgeschütteten Erdhügel positioniert und lassen ihre Blicke über die Wüstenei zu ihren Füßen kreisen. Sie haben Großes vor: Einen Kinderbauernhof mit einer Art Streichelzoo wollen sie hier gründen. Ein Hund und eine Ziege sind sichtbar schon vorhanden, zwölf Gänse hätten sie als Spende in Aussicht und ein Künstler wolle aus eigenem Besitz ein Schwein stiften. Das habe zwar nur drei Beine, aber sonst sei es ganz in Ordnung.

Mit diesen verlorenen Träumen endet der Film, den ich mit meiner Lieblingscutterin Karin Brost schließlich in Bremen zur Abnahme präsentieren kann. Blut, Schweiß und Tränen sind vergessen, als man uns zum hart erkämpften Ergebnis gratuliert. So wenig ich die Erfahrung missen will, bin ich mir doch sicher: Einmal reicht. Und außerdem ruft bereits unüberhörbar die Pflicht, und zwar in Gestalt des SDR.

Ausgerechnet am 10. September, meinem Geburtstag, finde ich mich im mir inzwischen doch recht grau erscheinenden Abendschau-Alltag wieder, als ich auf dem Flur zufällig Fernsehdirektor Horst Jaedicke treffe. Er winkt mich beiseite: »Du hascht ja heut Geburtstag. Ich wollt' Dir eigentlich etwas schenken. Ich wollte Dich zum Chef der Abendschau machen, aber der Intendant isch dagegen. Tut mir leid, ade!« Niemand, zuallerletzt ich selbst, hätte mit so einem Angebot gerechnet. Dass jetzt nichts daraus wird, typisch. Eine Woche später begegnet Jaedicke mir erneut und zwar an genau derselben Stelle im Flur. Fast im Vorübergehen wirft er mir zu: »Du bisch's!« Er meint: Leiter der Abendschau.

Kurz davor hatten meine Freundin und ich geheiratet und Ende November kommt unser Sohn zur Welt. Ich liebe diesen neuen Mitspieler im Haus. Dennoch konkurrieren ab jetzt zwei Rollen miteinander: Die Rolle als Vater und Ehemann verträgt sich nicht immer mit den Herausforderungen meiner neuen Leitungsfunktion. Eines macht mir meine Frau bei aller Liebe allerdings bald klar: Es wird bei uns keine klassische Rollenverteilung zwischen Mann und Frau geben. Sie wird nicht die traditionelle Gattin geben, die mir den Rücken freihält. Damals sind berufstätige Mütter, insbesondere unter den Besserverdienenden, noch alles andere als der Regelfall. Nicht nur als Chef, sondern auch als modernem Vater stehen mir jetzt Herausforderungen bevor. Ich sei Feminist, behaupte ich damals gelegentlich im Scherz. Meine Frau meint trotzdem, sie fühle sich oft wie eine Alleinerziehende.

Als ich viele Jahre später zum zweiten Mal heirate, wird mir von meiner neuen Partnerin immerhin ein Zeugnis ausgestellt, das ich als Lob interpretiere: Doch, ich sei, was die häusliche Arbeitsteilung betrifft, wirklich gut erzogen.

Das Fernsehen neu erfinden

Der Fernsehdirektor sprach aus langjähriger Erfahrung: »Das sind jetzt alles Deine natürlichen Feinde.« Gemeint waren die rund 25 Mitarbeiter der Abendschau, für die ich bis dato ein wohlgelittener und anerkannter Kollege war, für einige von ihnen gar ein veritabler Freund. Vor Kurzem waren sie doch alle noch zu Gast bei unserer ausgelassen-chaotischen Hochzeitsfeier mit mehr als hundert Leuten auf der Schwäbischen Alb. Aber das war gestern. Nicht zu vernachlässigen waren auch die Partnerredakteurinnen und -redakteure beim Südwestfunk in Baden-Baden, die sich unter der Federführung Stuttgarts ohnehin schon als die chronisch Geknechteten sahen. Vermutlich habe ich dem väterlich gemeinten Warnhinweis von Horst Jaedicke damals zu wenig Bedeutung zugemessen. Inzwischen weiß ich längst: Er hatte mehr als recht.

Im Grunde wurde ich mit meinen 35 Jahren ohne jede Führungserfahrung und ohne jedes Training ins kalte Wasser geworfen. Jetzt war ich über Nacht nicht mehr der nette Kollege, sondern der Chef, der auch unbequeme Entscheidungen treffen musste. Nach Dieter Schicklings Wechsel in die Redaktion der Tagesthemen in Hamburg wollte der Fernsehdirektor – den Intendanten stets im Nacken – offenbar Schlimmeres verhindern und hatte sich zunächst selbst als kommissarischen Redaktionsleiter berufen. Ein gutes

Jahr hat er durchgehalten, aber die neue Zusatzaufgabe dabei wohl auch etwas unterschätzt. Der Sendung ist das nicht besonders gut bekommen. So gab es für die Abendschau die stolze und schier unglaubliche Zahl von zwölf sich abwechselnden Moderatoren, was für die Außenwirkung der Sendung verheerend war.

Als Mann der Tat beschließe ich, die Reduzierung dieser Schar zu einer meiner ersten Amtshandlungen zu machen. Nicht mehr als fünf sollten es künftig sein. Und ich, als Chef, natürlich einer davon. Im vollbesetzten Konferenzsaal des Studio Berg macht sich nach Verlesung der Liste der Auserwählten Eiseskälte breit. Als ich nach quälenden eineinhalb Stunden den Raum verlasse, wartet bereits Horst Jaedicke vor der Tür: »Ich will bloß gucken, ob Du noch lebscht.«

Das Fernsehen kann nicht täglich neu erfunden werden. Dieser Satz, von erfahrenen Machern gerne bemüht, besitzt einen hohen Wahrheitsgehalt. Aber genau das wollte ich jetzt: Das Fernsehen täglich neu erfinden. Nein, nur verwalten wollte ich die Sendung keinesfalls. Ich wollte mehr.

Aber nicht nur die Abendschau-Redaktion, die ganze Medienwelt befindet sich in dieser Zeit in einem Umbruch, der immer mehr an Dynamik gewinnt. Als ich 1973 meinen Fuß zum ersten Mal über die Schwelle des Senders setzte, konnte sich das öffentlich-rechtliche Fernsehen noch seiner Monopolsituation erfreuen. Keine Konkurrenz, das bedeutete Freiheit, barg aber auch die Gefahr einer lähmenden Selbstzufriedenheit in sich. Der Fernsehspielchef zitierte auch noch viele Jahre später gerne die Einschaltquoten einer »Hamlet«-Übertragung. Sie lagen bei über 50 Prozent – natürlich infolge des Fehlens jeglicher Konkurrenz.

Jetzt finden Stimmen wie die von RTL-Chef Helmut

Thoma verstärkt Gehör: »Der Wurm muss dem Fisch schmecken, nicht dem Angler.« Und so sieht das Programm der rasch prosperierenden kommerziellen Sender dann auch aus. ARD und ZDF müssen lernen, mit einer Konkurrenz fertig zu werden, die man sich so nicht ausgesucht hat. Heute bin ich mehr denn je davon überzeugt: Die Existenz der öffentlich-rechtlichen Sender ist eine einmalige und schützenswerte Errungenschaft unserer Gesellschaft, ein Bollwerk der Demokratie. Daran mitzuwirken, empfand ich all die Jahre als Herausforderung, Verpflichtung und auch ein bisschen als Privileg.

Mit dem Auftreten der kommerziellen Sender gilt eine neue Währung im Wettbewerb. Nicht mehr so diffuse Begriffe wie Qualität und Niveau sind die Maßstäbe. Was zählt, sind vor allem die Zuschauerzahlen, die Einschaltquoten. Als ich 1973 im SDR begann, liefen die per Umfrage ermittelten Quoten erst vier Wochen später ein und waren in ihrer Aussagekraft stets umstritten. Entsprechend gering war bei diesem Abstand ihr Erregungswert. Jetzt aber wurde die Rechnung des Vortages bereits am Folgemorgen präsentiert. Zeitweise entwickelte sich die Quote zum nahezu alleinherrschenden Bewertungsmaßstab, leider auch für die Öffentlich-Rechtlichen. Ignorieren wollte auch ich die Zuschauerzahlen keineswegs. Aber um ein gutes Programm zu machen, war mir dieses Kriterium allein zu wenig. Und gelegentlich schien es mir richtig, die Quote einfach Quote sein zu lassen.

Zu meinem Glück versammelte sich in der Abendschau-Redaktion jener Tage ein ganzer Pulk von Talenten, einfallreichen Ideenbringern und leidenschaftlichen Fernsehmachern. »Das Fernsehen täglich neu erfinden, mit dieser Gruppe müsste es möglich sein«, denke ich. So nutzen wir fast jede Gelegenheit, um aus dem normalen Raster eines regionalen Vorabendmagazins auszubrechen, gelegentlich auch an den Zuschauern vorbei – zumindest an denen, die um diese Zeit, also um 18 Uhr, vor dem Bildschirm versammelt sind. Gerne nehmen wir diesen Nebeneffekt unserer waghalsigen Strategie in Kauf: Sie entpuppt sich als Schutz gegen eine Behäbigkeit, von der die Regionalmagazine nur allzu gerne heimgesucht werden – heute übrigens mehr denn je. Außerdem versuchen wir, wo immer es geht, für unsere Ideen zusätzliche Sendeplätze im Hauptabendprogramm zu erobern.

In der Aktion »Schreib ein Liebesgedicht« fordern wir unsere Zuschauer etwa dazu auf, sich selbst in romantischer Lyrik zu versuchen. Den besten Hervorbringungen widmen wir einen kleinen Film, zum Beispiel dem Gedicht der 69-jährigen Anna H. aus Heidelberg, die herzzerreißend reimte:

Mir war, als sei die Liebeszeit vorbei,
Als ich Dich damals traf, im Mai.
Ich wusste nicht, dass ich mich täusche,
Noch heute spür' ich Liebesräusche.
Es ist noch lang nicht ausgeliebt,
Vorausgesetzt, dass es Dich gibt.

Zum Abschluss der Aktion laden wir in ein Spiegelzelt auf dem Freiburger Universitätsplatz zu einer einstündigen Revue unter dem Titel »Die Abendschau-Liebesnacht – die erste Liebesnacht im deutschen Fernsehen«. Es wird eine heiße Nacht, nicht wegen des Gefühls, sondern schlicht infolge der drückend schwülen Witterung, die zusammen mit der Scheinwerferhitze das Zelt zum tropischen Gewächshaus werden lässt. Noch bei den Proben am Nachmittag hatten wir mit dem Ziel der Linderung die Freiburger Feuerwehr mobilisiert. Die Idee war, das Zelt von außen mit kaltem Wasser abzuspritzen, das Ergebnis allerdings verheerend, denn die Hitze im Zelt wurde nicht weniger, dafür die Luftfeuchtigkeit atemberaubend höher.

Gäste wie Moderatoren schwimmen förmlich im eigenen Saft, fast unmöglich, unter diesen Bedingungen einen vernünftigen Gedanken zu fassen. Im Hitzedelirium vereint, sitzen da jetzt die Herz-Schmerz-Literatin Utta Danella neben einem Paar, das directement vom Traualtar ins Spiegelzelt geeilt ist, der stadtbekannten Nachtclubbesitzerin Gina und 12-jährigen Schülern, die den gereimten Leitsatz des Abends liefern: »Ein Leben ohne Dich, wär' sicher nichts für mich.«

»Alle reden vom Wetter, wir nicht«, schrieb der Graphiker Klaus Staeck auf eines seiner Plakate zur 68er-Zeit. Wir auch nicht. Hinter der Leichtigkeit unserer Themen steckt der Ehrgeiz, Inhalte zu vermitteln. Auf jeden Fall wollen wir – im Unterschied zu den Privatsendern – nicht auch noch zur Verblödung der Massen beitragen. Oft kommen die Titel unserer Sendungen auf den ersten Blick harmlos daher, zum Beispiel »Dort wo man singt …«, da vermutet auch ein Fernsehdirektor nichts Gefährliches. Die Brisanz des Themas steckt im Untertitel: »Das deutsche Volkslied zwischen Tradition, Kunst und Politik«. Noch deutlicher wird es an den Namen der Gesprächspartner, unter anderen der »Herr über tausend Kehlen«, Chorleiter Gotthilf Fischer, der nationalstolze Barde Heino und der Liedermacher Walter Mossmann, eine Ikone des Widerstands gegen den Bau des geplanten Kernkraftwerks in Wyhl am Kaiserstuhl.

Die Mischung hat es in sich. Heino hatte schon 1977 auf ausdrücklichen Wunsch von Ministerpräsident Filbinger

»Dort, wo man singt …«. Vaterlands-Barde Heino in einer
kritischen Sendung über das deutsche Volkslied.

eine Platte mit allen drei Strophen des Deutschlandliedes
aufgenommen, also auch mit der ersten, mit »von der Maas
bis an die Memel, von der Etsch bis an den Belt, Deutschland,
Deutschland über alles, über alles in der Welt«. Filbinger
hatte Heino sogar zum Vorsingen in die Villa Reitzenstein
eingeladen, um die neue Platte höchstselbst vorzustellen.
Mir war das damals für die Abendschau eine Glosse wert.
Der Ministerpräsident sah das anders. Aufgrund des Zu-
spruchs von höchster Seite hatte Heino jetzt gar eine Lang-
spielplatte mit deutschnationalen Ohrwürmern auf den
Markt gebracht: Als er in unserer Sendung »Die Wacht am
Rhein« anstimmt, gibt es kein Halten mehr. Unterstützt von
der akustischen Kulisse des Publikums im Zelt nutzt Walter Mossmann die Gunst des Augenblicks. Für ihn ist »Die

Wacht am Rhein« ein Kriegshetzerlied des 19. Jahrhunderts, das, »was für die Nazis das Horst-Wessel-Lied« war. Und er setzt seine aktuelle Version der »Wacht am Rhein« dagegen: »Im Elsass und in Baden war lange große Not, da schossen wir für unsere Herrn im Krieg einander tot. Jetzt kämpfen wir für uns selber in Wyhl und Fessenheim, da halten wir zusammen eine bessere Wacht am Rhein.«

Die von Ministerpräsident Filbinger aufgebaute Schreckenskulisse ist zu dieser Zeit noch vielen präsent: »Wenn Wyhl nicht gebaut wird, dann gehen im Jahr 2000 in Baden-Württemberg die Lichter aus.« Der Erregungswert der Sendung schlägt sich dann auch in der Einschaltquote nieder: Zweistellig, das gab es auf diesem Sendeplatz noch nie.

Als ich meine Co-Moderatoren Ronald Granz und Michael Zeiß am nächsten Morgen zufällig auf dem Weg von der Tiefgarage zum Fernsehstudio treffe, fallen wir uns beglückt in die Arme – bis wir dem Fernsehdirektor begegnen, der offensichtlich vor dem Studioeingang schon auf uns gewartet hat. Seine Mine signalisiert nichts Gutes, seine Worte schon gar nicht: »Ihr springt dem Zuschauer mit dem nackten Arsch ins Gesicht«, hält er uns entgegen. Während wir noch versuchen, unseren großen Quotenerfolg wortreich herauszustellen, wendet sich Horst Jaedicke bereits ohne weiteren Kommentar wieder von uns ab. Es blieb bei diesem einen Satz. Weitreichender sind allerdings die Folgen. Ganz diskret werden schon geplante Sendetermine einfach aus dem Programm genommen.

Welchem Druck der Fernsehdirektor damals selbst ausgesetzt war, konnten wir freilich nur ahnen. Intendant Hans Bausch waren die Umtriebe der Abendschau-Redaktion schon länger ein Dorn im Auge, das wussten wir. Hatte er nicht Jaedicke davor gewarnt, mich zum Redaktionsleiter zu machen? Immer wieder Ärger mit dem Rundfunkrat und mit der von Hans Karl Filbinger geführten Landesregierung, das passte nicht in die Welt der damaligen Senderspitze. Offensichtlich kam es spätestens in dieser Phase zu einem massiven Zerwürfnis zwischen Hans Bausch und Horst Jaedicke, bei der die Aufmüpfigkeit der Abendschau-Truppe zumindest eine Rolle spielte. 1984 zieht sich Jaedicke – für uns völlig überraschend – als Fernsehdirektor des SDR zurück. Genannt werden »gesundheitliche Gründe«. Wenig später taucht er als Produzent im Umfeld der Privatsender auf und schließlich als Berater des Medienmoguls Leo Kirch.

Als ich ihn viele Jahre später, Anfang des Jahres 2010, am Rande einer Produktion in Baden-Baden beim Frühstück im Hotel wiedertreffe, kommt er mir, schon schwer von Krankheit gezeichnet, am Stock entgegen. Irgendwie ist er mir noch immer vertraut und ich offenbar auch ihm, denn er lässt sich – ganz unschwäbisch – zu einer Lobeshymne hinreißen: »Weischt, ich bin schon stolz auf Dich.« Wenige Wochen nach unserem Zusammentreffen stirbt Horst Jaedicke in seinem Wohnsitz an der italienischen Riviera.

Im SDR geht das Leben nach Jaedickes Abgang 1984 natürlich weiter. Intendant Hans Bausch genießt zu Recht den Ruf, ein leidenschaftlicher Kämpfer für den öffentlich-rechtlichen Rundfunk zu sein. Aber der ehemalige CDU-Abgeordnete, der 1958 im Handstreich die Senderspitze eroberte, ist auch ein dezidierter Konservativer. Jetzt will er die Gunst der Stunde nutzen, um endlich für Ordnung in seinem Sinne zu sorgen und ein Signal zu setzen.

Der neue Direktor, den Hans Bausch präsentiert, kommt vom ZDF, ist CDU-Mitglied und war zuvor Pressesprecher des damaligen Kultusministers von Rheinland-Pfalz Bern-

hard Vogel. Hans Heiner Boelte ist angeblich eine persön-
liche Empfehlung des ZDF-Intendanten Dieter Stolte. Aus
Mainz ist zu hören, Stolte hätte ihn sehr gern an seinen
Konkurrenten SDR weitergereicht.

Bei meinem ersten Gespräch mit dem neuen Direktor be-
merke ich überrascht, wie sich bei mir bislang unbekannte,
sonderbare Symptome einstellen: Je länger es dauert, desto
stärker rührt sich ein unangenehmes Ziehen in beiden Armen. Ich habe dafür nur eine Erklärung: Offensichtlich
handelt es sich um die Sekundärwirkung einer Gesprächs-
führung, die jede Klarheit und Verbindlichkeit vermissen
lässt und sich stattdessen absichtsvoll im Nebulösen bewegt.
Es ist nicht auszuhalten. Ich neige an sich nicht zu psycho-
somatischen Beschwerden. Was ich zu diesem Zeitpunkt
noch nicht weiß, dieses Symptom wird mich jetzt die nächsten 14 Jahre begleiten.

Überleben im Bollwerk

Fernsehmacher – das ist für mich einer der schönsten Berufe der Welt! Dass mein Sender mir die Chance gab, in diesem vielseitigen Medium nicht nur zu arbeiten, sondern auch neue Dinge auszuprobieren, zu experimentieren, dafür bin ich auch rückblickend mehr als dankbar. Doch jetzt, 1984, plagen mich düstere Vorahnungen, die bald den Charakter von Gewissheit annehmen. Ich spüre, meine schier grenzenlose Begeisterungsfähigkeit für diesen Beruf wird in nächster Zeit auf eine harte Probe gestellt werden.

Der Auftrag des Intendanten an den neuen Direktor zielt, so empfinde ich es jedenfalls, auch auf mich persönlich und auf mein Team. Dieser Unruheherd Abendschau muss, daraus macht er keinen Hehl, möglichst bald Vergangenheit werden. Schon wenige Tage nach Amtsantritt präsentiert Hans Heiner Boelte auftragsgemäß die Position eines Regionalchefs, dessen Leitung ich in Zukunft unterstehen soll. Die personelle Besetzung der neuen Position steht auch schon fest.

Es braucht nicht viel Phantasie, um diesen Schritt zu deuten: Ich soll mehr oder weniger entmachtet werden. In einem Akt von Notwehr suchen wir den Kontakt zu Rundfunkräten – und obsiegen. Doch meiner innerredaktionellen Autorität schadet der Vorstoß des Direktors massiv. Interne Machtkämpfe gewinnen an Gewicht. Meine Autorität ist ausgehebelt worden. Mit einer kleinen Gruppe von Vertrauten formiert sich schließlich eine Art Schutz- und Trutzbündnis, das immer auf der Hut ist, um rechtzeitig zu erkennen, welche Gefahr von oben als Nächstes droht. Bei jeder sich auftuenden Möglichkeit, einen Sendeplatz für ein besonderes Projekt zu ergattern, greifen wir deshalb sofort zu, bevor sie sich, wie es mehrfach geschieht, wieder in Luft auflöst. Zu den wenigen Produktionen, die wir durchsetzen können, zählt dann eine, die mir das Leben nicht leichter macht.

»Schade, dass der arme Lex nicht mehr dabei sein kann.« Das Bedauern von Pierre Brice ist echt, hat er doch in sieben erfolgreichen Karl May-Verfilmungen gemeinsam mit ihm vor der Kamera gestanden: Mit Lex Barker, dem legendären Old Shatterhand des Kinos der 60er Jahre, der bereits 1973 verstorben war. Doch Winnetou lebt und ist nicht mehr von der Person des Pierre Brice zu trennen. Der sitzt jetzt, im Sommer 1984, im Scheinwerferlicht unserer Aufzeichnung auf der Seeterrasse von Schloss Montfort in Langenargen am Bodensee und schwärmt: »Winnetou verkörpert für mich Werte, die heute mit Füßen getreten werden. Winnetou, das ist für mich Freiheit, Freundschaft, Ehre.« Wenige Minuten später entsteigt Ted Herold, der »deutsche Elvis«, einer himmelblauen BMW-Isetta und schmettert in die Kamera: »Moonlight, die Nacht ist lang, Moonlight, so endlos lang, alle sind verliebt, doch ich muss traurig sein, Du, sag mir warum?«

Diese kurzen Schlaglichter sind Elemente einer Sendung, die sich ein schillerndes Sujet vorgenommen hat: Es geht um Kitsch, um das Schöne und allzu Schöne im Leben – um Kitsch in der Kunst, im Film, im Schlager bis zum Kitsch, wie er sich zum Beispiel in religiösen Devotionalien wiederfindet. In der Abendschau hatten wir die Zuschauer aufgefordert, Kitsch aus ihrem eigenen Besitz zu präsentieren. Für den Abschluss dieser Serie konnten wir nach langer Pause endlich wieder einmal einen Sendeplatz im Abendprogramm erkämpfen. Es ist ein ehrgeiziges Vorhaben, denn nicht nur das Zuckerbäcker-Schloss Montfort inklusive Seeterrasse soll mitspielen, sondern auch der See selber: Ein der Romantik verfallenes Gesangsduo soll mit einem Ruderboot an der Schlossmauer anlegen – singend natürlich: »Steig' in das Traumboot der Liebe, fahre mit mir nach Hawaii. Dort auf der Insel der Schönheit, wartet das Glück auf uns zwei.«

Die Sendung ist irgendwo zwischen einer unterhaltsamen Revue und kultureller Information anzusiedeln und wir sind uns schon im Vorfeld bewusst, sie wird aufwendig. Für das ganze Redaktionsteam, insbesondere für meine ehemalige Assistentin Brigitte Dimter, die inzwischen zur Regisseurin aufgestiegen ist, stellt dieses Vorhaben die bisher größte Herausforderung dar. Sicherheitshalber werden gleich mal zwei Probentage mit Kamera eingeplant, am Samstag soll dann vor Publikum aufgezeichnet werden.

An einem strahlenden Mittwoch treffen wir am Bodensee ein – ein geradezu südländisches Paradies erwartet uns, die Bilderbuch-Atmosphäre eines Sommers am See. So bleibt es auch am ersten Probetag. Alles in allem klappt es vorzüglich, am Folgetag soll es dann um den Feinschliff gehen.

Die kräftigen Regengeräusche sind schon beim Aufwachen im Hotelbett nicht zu überhören. Als wir an der Seeterrasse ankommen, ist der gestern noch so friedliche See nicht wiederzuerkennen. Es empfängt uns ein tosender Ozean, dessen Gischt es schafft, sogar die Seeterrasse zu überfluten. Zum Glück konnten die umtriebigen Bühnentechniker den teuren Konzertflügel und anderes empfindliches Gerät noch rechtzeitig in Sicherheit bringen. Was nun? Keiner von uns hat sträflicherweise diesen sehr ernsten Ernstfall einkalkuliert. Die Aufzeichnung ausfallen lassen? Auf keinen Fall! Dann lieber, trotz allem, auf gelinde Besserung hoffen. Augen zu und durch. Auch aus Stuttgart kommen Rückfragen, ob wir die Produktion nicht zu einem späteren Zeitpunkt im Studio realisieren wollen. Ausgeschlossen, die Mitwirkenden stehen dann nicht mehr zur Verfügung. Gegen Freitagabend rufen Gesprächsgäste an: »Die Sendung findet doch sicher nicht statt, oder?« »Doch, doch, auf alle Fälle!«, versichern wir.

Die Ausstattungsfirma fordert personelle Verstärkung an. Noch immer stürmt und regnet es, und es wird kälter und kälter. Selbst wenn der Regen nachlassen sollte, das Publikum wird während der Aufzeichnung frieren. »Bitte ruft beim Roten Kreuz an«, schlage ich vor, »vielleicht können sie uns Wolldecken zur Verfügung stellen.«

In diesem Durcheinander erreicht mich ein Anruf von zu Hause. Meine Frau hat Neuigkeiten: Ein zweites Kind ist unterwegs. Dass ich für die freudige Nachricht in der Situation damals kaum einen Kopf hatte, werfe ich mir noch heute vor.

Am Aufzeichnungsabend regnet es immerhin nicht mehr. Der Himmel ist jedoch weiterhin verhangen, das Thermometer misst nur 14 Grad und der See wogt noch unruhig. Notgedrungen wird das »Traumboot der Liebe« samt Liebespaar auf das Festland verlegt. Als die Aufzeichnung dann beginnt, sehe ich Bilder, wie aus einem Sanatorium, ringsum Menschen in wärmende Wolldecken gehüllt. Doch es läuft gut, auch mit meinen Co-Moderatoren. Teresa Henkel ist vom Südwestfunk entsandt und Thomas Roth, der spätere

ARD-Auslandskorrespondent und Tagesthemen-Moderator, hat in der Abendschau-Redaktion gerade seine ersten Fernseh-Gehversuche erfolgreich hinter sich gebracht. Beste Stimmung baut sich auf. Und dann passiert es doch: Ohne jede Vorwarnung fängt es mitten in der Sendung plötzlich an, wie aus Kübeln zu gießen. Das Publikum, die Mitwirkenden, alles rennt so schnell wie möglich in das rettende Schlosscafé. Unser Bühnenaufbau verschwindet in Windeseile unter schützenden Plastikplanen. Aber, dem Himmel sei Dank: Nach gerade einmal acht Minuten geht der Spuk vorbei, so schnell, wie er gekommen ist. Alle nehmen ihre Plätze wieder ein, die Show geht weiter.

Der Showdown, der uns nach der Rückkehr in Stuttgart erwartet, hat allerdings weniger erfreulichen Charakter. Direktor und Produktionschef bitten zu einer dringenden Aussprache. Es geht um die Finanzen. Infolge der ungünstigen Wettersituation sind die Produktionskosten völlig aus dem Ruder gelaufen. Die auf dem freien Markt engagierte Bühnentechnik-Firma hat sich den erforderlichen Mehraufwand sehr gut bezahlen lassen. Das war durch unseren Etat nicht mehr gedeckt. Irgendwie verdichtet sich bei mir das Gefühl, dass hier an meiner Demontage gearbeitet wird.

»Cindy, oh Cindy, Dein Herz muss traurig sein«, hat Maren Kroymann zum Schluss der Kitschrevue persiflierend ins Mikrofon geflötet. Sie hätte statt dieser Cindy auch mich besingen können.

Das andere Leben

»Ist hier ein Herr Backes?« Die Schwester, die in der Tür zum Kreissaal steht, wirkt sichtlich genervt. »Sie werden dringend am Telefon verlangt.« Drinnen im Raum ist meine Frau gerade dabei, ihr zweites Kind zu gebären. Das kann zwar noch dauern, aber die Wehen sind in vollem Gang.

Für einen kurzen Moment winke ich ab, dann begebe ich mich widerstrebend doch ins Schwesternzimmer, in dem der Anruf aus unerfindlichen Gründen eingegangen ist. Am anderen Ende meldet sich ein Zeitungsjournalist, der es außerordentlich wichtig hat und der eine Stellungnahme zu den »wieder einmal unglaublichen Vorgängen im SDR« von mir verlangt. »Ich kann jetzt nicht«, sage ich, »ich werde gerade zum zweiten Mal Vater.« Für den Journalisten scheint das vollkommen uninteressant zu sein: »Wann dann? Heute müsste es schon noch sein.« »Vielleicht in zwei, drei Stunden«, erwidere ich ungeduldig und eile zurück in den Kreißsaal.

Nur knapp eine Viertelstunde später erblickt unsere Tochter in meinem Beisein wohlbehalten das Licht der Welt. Zwei Kinder haben wir jetzt – einen dreijährigen Sohn und nun auch eine Tochter. Fast schon eine Musterfamilie.

Lange Jahre – meine Frau und ich waren längst ein Paar und lebten in einer gemeinsamen Wohnung – existierte das Thema »Kinder« für mich quasi nicht. Hatten mich doch einer meiner großen Brüder und seine Frau schon im Alter von sieben Jahren zum Onkel gemacht – und das war nur der Anfang. Aus meiner Sicht bevölkerte fortan eine beängstigend wachsende Schar von Neffen und Nichten, vorzugsweise an den Wochenenden und in den Ferien, das Haus meiner Eltern. In Sachen Kindergeschrei fühlte ich mich wahrlich nicht unterversorgt.

»Familiengründung«, so richtig vorgesehen hatte ich das jedenfalls nicht in meinem Lebensplan. Die Leidenschaft gehörte beherrschend meinem wunderbaren Beruf. Es war zufällig bei einem Spaziergang im Park des Schlosses Favorite in Ludwigsburg, als mich meine Freundin – nicht ohne insistierenden Ernst – erstmals auf das Thema Kinder ansprach. Was ich damals noch nicht ahnte: Jahre später würde ich dort im Schloss Favorite mehr als eine Sendung zu eben diesem Thema produzieren – geradezu Philippiken gegen Kindermangel und Kinderfeindlichkeit in Deutschland. »Vielleicht«, so ging es mir an jenem Tag im Park durch den Kopf, »bin ich ja irgendwie stehengeblieben.«

Wenige Monate nach diesem Gedankenaustausch kündigte sich dann tatsächlich Nachwuchs an. Und der designierte Vater war plötzlich nicht mehr wiederzuerkennen. Von der hormonellen Steuerung der schwangeren Frau hatte ich ja schon gehört, aber beim Mann war mir das neu. Ornithologen würden wohl vom Nestbautrieb sprechen. Wie dem auch sei: In jedem Fall konnte sich unser Sohn der elterlichen Liebe beiderseits sicher sein – schon lange, bevor er das Licht der Welt erblickte.

Wir wollten natürlich eine moderne Familie sein, eine gleichberechtigte Partnerschaft führen. Doch die archaischen Muster der klassischen Rollenteilung erwiesen sich als hartnäckig. Immerhin, ein halbes berufliches Deputat für meine Frau wurde Wirklichkeit. Aber just zur selben Zeit war ich im Sender ja zum Leiter der Abendschau aufgestiegen. Von einer Kinderbetreuung nach dem Muster heutiger Kitas war damals noch kaum die Rede. So bastelten wir mit Tagesmutter und später mit verschiedenen Kinderfrauen unsere private Betreuungswelt. Den Kindern scheint das nicht schlecht bekommen zu sein.

Wer seinen Beruf nicht als Arbeit empfindet, sondern mehr oder weniger als Vergnügen und Geschenk, ist jedoch gefährdet, zwischen Beruf und Familie kritikwürdige Prioritäten zu setzen. Das galt auch für mich. Wie präsent war ich für meine Kinder wirklich? Diese Frage beschäftigt mich aus heutiger Sicht noch immer. Sicher gibt es da manchen kritischen Punkt, aber, wenn ich ihnen glauben darf, geliebt fühlen sie sich beide sehr – und zwar gleichermaßen.

Auch wenn meine erste Ehe Jahre später auseinanderging, der Fundus an gelebter Gemeinsamkeit ist im Rückblick beträchtlich: legendäre Kindergeburtstage, unvergessliche Urlaube und Reisen. Da ist es zeitweise sogar gelungen, die ansonsten allgegenwärtige Fernsehwelt aus dem Kopf zu verbannen.

Unvergessen zum Beispiel: Pfingsten 1994, die Radtour mit meinem damals 12-jährigen Sohn vom Bodensee durch das Appenzellerland, dann den Alpen- und den Vorderrhein entlang über den 2044 Meter hohen Oberalppass bis nach Luzern – das ist sicher kein unambitioniertes Vorhaben. Es wird eine Bewährungsprobe.

Bereits auf dem Weg von Romanshorn nach Sankt Gallen beginnt es zu nieseln, auf der Strecke nach Appenzell wird daraus ein strammer Dauerregen. In den Fernsehnachrichten, die wir in unserem Quartier in Bad Ragaz anschauen, ist von den ergiebigsten Niederschlägen der letzten Jahre

die Rede – und keine Aussicht auf Besserung. Unter Mobilisierung all meiner diplomatischen Fähigkeiten versuche ich meinem Sohn beizubringen, dass wir unsere Tour
wohl besser abbrechen – und löse damit fast Tränen aus.
»Gut, dann fahren wir jetzt bis Chur einfach ein Stück mit
dem Zug, vielleicht hört der Regen bis dahin auf.« Und tatsächlich, der Himmel lichtet sich und mein Begleiter kann
doch noch das realisieren, was er sich offenbar in aller Stille
vorgenommen hat: Den Oberalppass bezwingen, ohne zu
schieben. Nach seiner Definition gelingt ihm das auch
wirklich – und zwar, indem er alle 100 Meter kurz mal an-
hält. Endlich: die Passhöhe. Selbst der Senior-Partner hat es
irgendwie geschafft. Jetzt liegt das Schwierigste hinter uns,
glauben wir zumindest, und vor uns 40 Kilometer Nonstop-
Talfahrt bis zum Vierwaldstätter See – mehr als ein Strapa-
zenausgleich, ein geradezu höllisches Vergnügen.

Es ist schon dunkel, als wir unsere Pension im Seebad
Brunnen erreichen. Der Meldezettel in unserer Unterkunft
erscheint mir merkwürdig kleingedruckt. Auf jeden Fall
kann ich ihn bei diesem Dämmerlicht nicht entziffern. Als
mein Sohn keinerlei Probleme damit hat, wird mir zum
ersten Mal klar, ich brauche eine Brille. Außerdem steckt
mir das Pensum der letzten Tage wohl stärker in den Knochen, als ich dachte. Gut, dass uns jetzt nur noch ein Katzen-
sprung von unserem Endziel trennt: Kurz mit dem Schiff in
18 Minuten nach Treib am anderen Ufer, und dann sind es
ja nur noch 38 Kilometer bis nach Luzern.

Uns auf der richtigen Spur wähnend, rollen wir auf
einem asphaltierten Weg in einen Wald am Seeufer und
gleichzeitig ins Verderben: Aus Asphalt wird bald Schotter,
aus dem Weg ein Pfad und dann nur noch Geröll, Bäume,
Abhänge. »Lass uns lieber umkehren«, versuche ich noch

vorzuschlagen, doch mein Sohn strebt, das vollbeladene Fahrrad inzwischen tragend, weiter unbeirrt nach vorn. Rechts von uns liegt hinter dem Wald das Seeufer, das wissen wir, und irgendwo links, so hoffen wir, vielleicht die Zivilisation mit einer richtigen Fahrstraße. Gut eine Stunde schleppen wir unsere sich immer schwerer anfühlenden Räder durch den helvetischen Dschungel. Mehrfach droht der Vater zu kollabieren, als Motorengeräusche, die nur auf eine Straße hindeuten können, schließlich das baldige Ende der Tortur erhoffen lassen. Völlig erledigt landen wir mit der Bahn spätnachts wieder im wohlgeordneten Stuttgart. Die Strapazen sind bald schon wieder vergessen und unser Dschungelabenteuer befindet sich auf dem besten Weg zur unsterblichen Familienanekdote.

Übrigens: Was der Journalist damals in der Geburtsklinik konkret von mir wollte, daran habe ich auch nach langem Grübeln beim besten Willen keine Erinnerung mehr.

Eine neue Idee gewinnt Gestalt

Jeder, der die Abendschau kennt, kennt diese Bilder: Der erste Schnee auf dem Feldberg, dem höchsten Berg Baden-Württembergs. Alle Jahre wieder ist er ein obligater Bestandteil des Programms. Jetzt, nach 13 Jahren im Regionalprogramm, beschleicht mich das unabweisliche Gefühl, ich hätte diese Bilder inzwischen doch schon sehr oft gesehen. Ich bin immerhin schon 40 Jahre alt. Drängende Fragen melden sich: Was will und kann ich in diesem Medium noch bewegen? Wo stehe ich eigentlich? Was kann ich am besten? Was zieht mich an?

Keine Frage, über mangelnde Erlebnisdichte konnte ich mich in meinen bisherigen Senderjahren nicht beklagen. Begegnungen und Erfahrungen von hohem Erinnerungswert haben sich angehäuft: die Zeit des RAF-Terrors, das Thema Waldsterben, die Gründung der Grünen und ihr Einzug in den Landtag, der Skandal um die Hitler-Tagebücher und die Enttarnung des dreisten Fälschers Konrad Kujau, der Protest der Friedensbewegung gegen die Stationierung der Pershing II-Raketen in Mutlangen. Die 108 Kilometer lange Menschenkette der Protestierer von Stuttgart bis Ulm habe ich selbst live aus dem Hubschrauber kommentiert.

Doch ich bemerkte seit Langem auch ein anderes Interesse in mir, das über die Tagespolitik und das aktuelle Zeitgeschehen hinausging: eine andere Annäherung an die

Menschen und die Welt. Hatte es da nicht schon vor fünf Jahren den erfolgreichen Versuch mit der Talkshow »Spätvorstellung« gegeben? Auch die Live-Sendungen über das Volkslied, über Kitsch und natürlich die Liebesnacht …

Ich spüre es überdeutlich: Es ist höchste Zeit, etwas Neues zu versuchen. Eine Idee gewinnt immer mehr an Kontur. Es ist überfällig, die Zeit als Chef der Abendschau baldmöglichst zu beenden und eine neue Redaktion zu gründen, die sich auf dem schmalen Grat zwischen Information und Unterhaltung bewegt. »Unterhaltende Information« oder »Journalistische Unterhaltung« könnte man das nennen, so etwas gibt es noch nicht im Deutschen Fernsehen. Das wäre eine richtige Innovation.

Jetzt fehlen nur noch die redaktionellen Mitspieler und irgendjemand in der Chefetage des SDR-Fernsehens, der einen solchen Plan gut findet und unterstützt. Aber gibt es diese Person, die dafür als Fürsprecher zu gewinnen wäre, überhaupt? Nach kurzem Nachdenken fällt mir einer ein. Vielleicht ist es Ernst Elitz, seit ein paar Monaten neuer Fernseh-Chefredakteur. Mit ihm sollte ich mal reden.

Mit dieser Entscheidung treffe ich ins Schwarze. Elitz ist neu im Sender und voller Tatendrang. Er ist selbst ein begeisterter Macher und reagiert hochinteressiert. Ich schwärme ihm von einer Talkshow vor, die ich natürlich – was käme anderes in Betracht – selbst moderieren werde. Sie soll den Kern der neuen Redaktion bilden. Auf einer zweiten Ebene nehmen wir uns »Große Abende« vor, lange Sendestrecken für den Samstag, die sich immer nur einem Thema widmen, zum Beispiel Berühmtheiten wie Karl May und Marilyn Monroe oder anderen spannenden Sujets wie Zeppeline oder Vulkane. Jetzt fehlt nur noch die Zustimmung des Direktors.

»Wenn nur mal dieses merkwürdige Ziehen in den Armen aufhören würde«, denke ich, als ich in der Chefetage, wieder einmal reichlich befremdet, bei ihm vorspreche. Dass ich den Abendschau-Chefposten aufgeben will, begrüßt der Direktor zwar außerordentlich. Zwei, drei Mitarbeiter könne ich gerne aus meinem Team mitnehmen, aber »Redaktion« solle sich das neue Gebilde bitte nicht nennen. Außerdem fehle es im Haus an Büroräumen, wir müssten wohl ausziehen.

Jetzt ist es raus: Wenn ich Talkshow-Moderator werden will, dann muss ich wohl erst einmal Verzicht leisten, eine große Redaktion aufgeben und – wie es sich bald konkretisiert – mit meinen drei Getreuen in eine heruntergekommene Drei-Zimmerwohnung in der Neckarstraße ziehen. Das fängt ja gut an.

Rückblende: »Eine Talkshow, was ist das.« als Dietmar Schönherr am 18. März 1973 mit dieser Frage seine neue Sendereihe im WDR-Fernsehen eröffnet, weiß er offensichtlich auch nicht so ganz genau, was da auf ihn zukommt. In der Branche machen die erfolgreichen Talkformate des US-Fernsehens schon länger von sich reden. Und jetzt, der erste Versuch in Deutschland. Ich bin skeptisch. Talkshow? Talk und Show, wie soll denn das zusammengehen? Wieder mal so ein zweifelhafter Import aus Amerika. Als Sättigungsbeilage für Dauerglotzer mag das ja geeignet sein, aber hierzulande haben wir doch einen ganz anderen inhaltlichen Anspruch.

Nach ersten Folgen im dritten Programm schafft »Je später der Abend« an Silvester 1973 den Sprung ins Erste. Und unter den Millionen Zuschauern, die vor dem Bildschirm sitzen, bin auch ich, der Skeptiker. Doch noch während ich zuschaue, spüre ich bei mir eine merkwürdige Veränderung. Meine felsenfest vorgefasste Abwehrhaltung bricht Minute für Minute mehr in sich zusammen. Denn was Schönherrs Gäste erzählen und von sich preisgeben, nimmt mich mehr gefangen, als ich mir selbst eingestehen will. Was ich höre und sehe, bedient nicht nur meine Neugier. Ich beginne vielmehr zu vergleichen, mit den eigenen Lebenserfahrungen, mit meinen Ängsten, Siegen und Niederlagen. In einem Interview spricht Dietmar Schönherr von »Lebenshilfe«, die er geben will. Aus dem, was die Gesprächspartner berichten – zum Beispiel, wie sie ihre eigenen Schwierigkeiten im Leben gemeistert haben – daraus könne man doch eine ganze Menge für das eigene Leben lernen. Das gefällt mir. Dass ich einmal selbst dieses Handwerk ausüben würde, daran wage ich aber damals nicht im Entferntesten zu denken.

Jetzt, Ende 1986, soll es tatsächlich ernst werden. Schönherrs Pioniertat ist nach diversen Skandälchen längst schon wieder Geschichte geworden. So zelebrierten etwa Romy Schneider und der vom Bankräuber zum Schauspieler mutierte Burkhard Driest vor aller Augen einen intensiven Privatflirt, der in ihren Worten gipfelte: »Sie gefallen mir, Sie gefallen mir sehr …« – das war fast schon zu viel für das überkorrekte Deutsche Fernsehen.

Als wir uns beim SDR auf unseren Start vorbereiten, haben sich vorrangig in den dritten Programmen bereits einige Talkformate etabliert. Seit 1974 gibt es »3 nach 9« von Radio Bremen, 1976 startete der WDR den »Kölner Treff« und drei Jahre später kam die NDR-Talkshow aus Hamburg hinzu. Was diese Formate verbindet, es handelt sich um reine Personality Shows mit überwiegend prominenten Gästen. Man setzt auf den Charme des Boulevards, ein gemeinsames Thema gibt es in der Regel nicht.

Und was wollen wir? Auf jeden Fall etwas Anderes, aber was? Es soll mehr vermittelt werden als die Botschaft, dass

Sängerin X eine neue Platte oder Schriftsteller Y ein neues, sehr lesenswertes Buch herausgebracht hat. Es geht uns um Inhalte. Leicht gesagt, doch die Suche nach möglichen Vorbildern verläuft ergebnislos – bis auf eine Ausnahme. Über die Grenzen der Alpenrepublik hinaus macht seit Herbst 1976 eine Sendung des ORF von sich reden. Der »Club 2« ist zwar auch ein Talkformat, scheut sich aber nicht vor brisanten Themen: »Was will das Weib?«, wird zum Beispiel gefragt, ein anders Mal geht es um die Kernkraft oder das Ende des Sozialstaates. Das alles kommt aber nicht als trockene Sachdiskussion daher, sondern verbindet sich mit einer Eigenart, die nur hier gedeiht: dem Wiener Schmäh. Keine Frage, der »Club 2« besitzt Kultstatus. Die Fachwelt hierzulande ist sich allerdings einig: So etwas funktioniert nur in Österreich.

»Zum Glück bin ich in genau diesem Land geboren«, denke ich. Auf einem langen Waldspaziergang fällt die Grundsatzentscheidung: Die Sendung muss jeweils ein Thema behandeln, und fünf bis sechs Gäste sollen nicht nur einzeln dazu befragt werden, sondern auch gemeinsam über dieses Thema diskutieren. Aber eine Sendung braucht ja noch mehr: einen Namen, einen Ort und nicht zu vergessen einen Sendeplatz. Wie wäre es mit »Nachtcafé«? Ein kompakter Name, einprägsam, dazu mit einem gewissen Flair, selbst die Chefetage hat keine Einwände. Und der Sendeplatz? Auf Nachfrage bietet der Sendeleiter einen Termin am Samstagabend um 23.30 Uhr an. Ziemlich spät, finden wir, doch auf unseren Protest antwortet er lakonisch: »Wieso beklagen Sie sich, es heißt doch Nachtcafé?« Der Produktionschef setzt noch eins drauf: Leider gäbe es für die Sendung keinen Platz im Studio. Wir müssten uns wohl irgendwo außerhalb einen Aufzeichnungsort suchen. Es verdichtet sich das Gefühl, dass man unserem neuen Format im Sender nicht unbedingt mit einem Vertrauensvorschuss oder gar dem Glauben an Erfolg begegnet. In den Gängen des Fernsehstudios kursiert das Gerücht, die Geschäftsleitung gehe davon aus, dass sich unsere Talkshow nach zwei bis drei Folgen ohnehin erledigt haben würde.

Zusammen mit meiner Regisseurin mache ich mich auf den Weg, um geeignete und möglichst unverwechselbare Örtlichkeiten in vertretbarer Entfernung aufzuspüren. Da gibt es doch dieses kleine Schloss Favorite in Ludwigsburg. Es fiel mir ein, weil ich im Schlosspark mit meiner früheren Freundin, die unweit davon an der Pädagogischen Hochschule studierte, des Öfteren Spaziergänge inklusive romantischer Fotosessions unternommen hatte. Damals war das Schlösschen noch in einem ruinösen Zustand, mit Bretterverschlägen vernagelt und nicht öffentlich zugänglich. Erbaut hatte es Hofbaumeister Donato Giuseppe Frisoni in den Jahren 1717 bis 1723 unter Herzog Eberhard Ludwig. Es war nie bewohnt worden, sondern diente als eine Art hochherrschaftliche Party-Location im Umfeld des Residenzschlosses. Vielleicht wäre das was.

Als ich den Ludwigsburger Verkehrsdirektor anrufe, wird mir überraschend sofort der rote Teppich ausgerollt. Offensichtlich ein Mann der Tat, der weiß, was es für die Barockstadt bedeuten kann, eine Fernsehsendung an Land zu ziehen. »Sagen Sie mir, wann Sie kommen wollen!« Das Schloss gehört zwar dem Land und nicht der Stadt, aber das spielt jetzt erst einmal keine Rolle. Vor Ort erfahren wir als Erstes: In Betracht kommt nur der vergleichsweise schmucklose, zentrale Raum im Eingangsbereich. Im Unterschied zur Beletage darüber lässt er sich immerhin heizen.

Das Urteil meiner Regisseurin fällt sofort. »Viel zu klein!

Domizil und Markenzeichen des Nachtcafés von 1987–
2014: Das Lustschloss Favorite in Ludwigsburg.

Wo soll ich hier eine Kamera hinstellen? Da bleibt ja kein
Platz mehr für das Publikum. Wir müssen uns andere, größere Örtlichkeiten anschauen.« Es beginnt eine Tournee
durch zahlreiche historische und moderne Gemäuer der
Region, aber kein Objekt kann mit dem Flair des Schlöss-
chens Schritt halten: zu groß, zu nichtssagend, zu abgele-
gen, zu teuer. Schließlich bewege ich meine Regisseurin zu
einem erneuten Besuch in Ludwigsburg, dieses Mal zusammen mit dem Chefkameramann, der das Problem vor allem
bei der Lichtinstallation sieht. Daraufhin mobilisiere ich
eine Spezialfirma, die verspricht, trotz des engen Raumes
ein filigranes, platzsparendes System installieren zu können.
Beim dritten Besuch im Favorite bin ich endlich am Ziel.
Das Lustschloss wird das Domizil des Nachtcafés – wie wir
heute wissen, für fast 28 Jahre.

Während die Vorbereitungen für diesen neuen beruflichen Lebensabschnitt im Herbst 1986 bereits auf Hochtouren laufen, bin ich parallel dazu noch immer Leiter der Abendschau und das bis zum Ende des Jahres. Und am 14. Februar soll die erste Ausgabe des Nachtcafés bereits gesendet werden. Nur die Euphorie des Neubeginns gibt uns den notwendigen Schub, diese Herausforderung mit Optimismus anzugehen. Zwei Wochen vor der ersten Aufzeichnung können wir endlich in die eigenen Räume umziehen. Trotzdem sind wir überzeugt: Wir schaffen das.

Premierenfieber

»Schwierige Lieben«, mit diesem Thema werden wird das Nachtcafé eröffnen. Das steht jetzt fest. Nicht etwa, weil wir am Valentinstag senden. Dieser Tag der Liebenden ist mir wegen seiner kommerziellen Ausrichtung eher suspekt. Persönlich habe ich ihn bisher stets ignoriert. Eher halte ich es da mit Monika Maron und dem Kernsatz aus ihrem Roman »Animal Triste«: »Man kann im Leben nichts versäumen als die Liebe.« Keine Frage, das höchste der Gefühle ist ein ideales Eröffnungsthema, selbst oder gerade, wenn es um schwierige Konstellationen geht.

»Jede Sendung ist eine Premiere.« Wer je mit mir zusammengearbeitet hat, kennt diesen mahnenden Satz. Wenn ein neues Format aus der Taufe gehoben wird, gilt das aber umso mehr: Die Aufregung ist größer, die Unsicherheit auch, die ganze Atmosphäre unvergleichlich.

Eine erste positive Überraschung bei der Vorbereitung der Sendung besteht für uns darin, dass Dietmar Schönherr zusagt. Der Mann, der mich 1973 zum Talkshowfreund mutieren ließ, wird als erster Talkmaster der ARD unsere erste Sendung schmücken. Mit der Sängerin Vivi Bach hat er nicht nur seit den ausgehenden 60er Jahren die Moderation der etwas anderen Samstagabendshow »Wünsch Dir was« geteilt, sondern auch ein langjähriges Liebes- und Eheleben. Vivi Bach hat sich mittlerweile ganz aus der Öffentlichkeit zurückgezogen. Sie will auch um keinen Preis nach Ludwigsburg mitkommen. Aber Dietmar Schönherr gibt uns die Ehre. Auch die Schauspielerin Christine Kaufmann wird mit von der Partie sein. Sie war erst 18 Jahre alt, als sie so unselig früh für ein paar Jahre die Ehefrau des 20 Jahre älteren Hollywood-Stars Tony Curtis wurde. Die weiteren Zusagen können sich ebenfalls sehen lassen: Ein katholischer Priester, der seine Haushälterin geheiratet hat, und die heimliche Geliebte eines Chefarztes. Zum Zeitpunkt unserer Sendung wird sie im achten Monat schwanger sein.

Jetzt suchen wir noch nach einem schwulen Paar, das bereit ist, gemeinsam vor die Kamera zu gehen. Die Spitze des Hauses fragt prompt an, wen wir denn einzuladen gedenken. Über die Direktion lässt der Intendant tags drauf mitteilen, dass er den Auftritt der Homosexuellen nicht wünscht. Auch zu dem als Provokateur bekannten Dietmar Schönherr habe er seine Meinung, aber, na ja. Wir können im Gegenzug immerhin Neues bieten: Joschka Fischer hat zugesagt.

Fischer amtiert gerade als erster deutscher »Turnschuhminister« im Bundesland Hessen. Aber nicht das steht im Vordergrund unseres Interesses. Es geht um Fischer und die Frauen, ein schwieriges Kapitel, wie man weiß. Damals ist er gerade bei der dritten Ehefrau angekommen. Unser Faible jedoch gilt Nr. 1, Edeltraud, Fischers erster Frau, der Polizistentochter aus Stuttgart. Als die beiden sich über den Weg laufen, 1966, hat sich aus der Gammler-Welle in der Jugendkultur schon eine greifbare Protestströmung entwickelt. Die zwei Kinder aus strengem Elternhaus zählen zu den frühen Rebellen, teils privat, teils politisch. Im linken »Club Voltaire« in der Stuttgarter Altstadt, wo vor der Tür die Prostituierten stehen, laufen sie sich über den Weg. Eher zufällig sieht man sich wieder. Auch an diesem Tag, als sie auf der Treppe des Königsbaus, ganz Sponti, beschließen, nach Paris zu trampen.

Bei unserem Recherchetelefonat erzählt mir Edeltraud Fischer, dass sie diesen Joschka anfangs überhaupt nicht ausstehen konnte. Aber auf der Fahrt nach Paris habe er sein mitgebrachtes Vesperbrot ausgepackt und ihr so ritterlich angeboten. Sie sei sich sicher, dieses Schlüsselerlebnis habe ihren Gefühlen eine plötzliche und nachhaltige Wendung gegeben. Das Entflammen ist gegenseitig und bringt weitere Reisen mit sich. 1967 zieht es die beiden nach England und Schottland – und dort in einen kleinen Ort namens Gretna Green, in erwartbarer Absicht: Edeltraud und Joseph geben sich im Heirats-Eldorado für Minderjährige das Ja-Wort – ohne Zustimmung der Eltern. Beide sind gerade mal 18 Jahre alt.

All das liegt in den Tagen vor unserem ersten Nachtcafé zwei Jahrzehnte zurück. Was wurde aus der Rebellenromanze? Was wird Joschka Fischer in der Sendung darüber erzählen? Es ist auf jeden Fall bester Stoff für unsere Premiere, davon bin ich nach diesen Recherchen überzeugt.

Gründlich soll sie vorbereitet werden, die erste Nachtcafé-Sendung. Aus diesem Grund ist bei sämtlichen Gästen vorab noch ein persönlicher Besuch des Moderators geplant, auch bei dem Umweltminister in Hessen. In der dortigen rot-grünen Koalition scheint zu dieser Zeit die Euphorie des hoffnungsvollen Starts allerdings längst verflogen zu sein. Was ich diesbezüglich der Tagespresse entnehme, spüre ich auch bei der Ankunft im Ministerium sofort: Hier hängt der Haussegen ziemlich schief. Der Streit um die Genehmigung der Hanauer Nuklearfabriken gärt mit wachsender Sprengkraft.

Fischers Referent bittet mich ins Nebenzimmer. Es könne noch etwas dauern. Genaugenommen sei er sich nicht sicher, ob das Gespräch heute überhaupt noch zustande kommen würde. Vielleicht sollten wir den Termin lieber streichen. »Warten? Ja, gut, wenn Sie sehr viel Zeit mitbringen.« Nach zwei Stunden ein erster Zwischenbescheid. »Der Minister möchte eventuell mit Ihnen Essen gehen, falls er es schafft.« Nach einer weiteren Stunde erscheint ein im Geiste völlig abwesender Joschka Fischer in der Tür. Vieles geht ihm jetzt durch den Kopf, eines aber mit Sicherheit nicht: seine Jugendliebe Edeltraud. Willig, aber absent beantwortet er meine intimen Fragen beim kurzen Mittagstisch im Balkangrill. »Entschuldigen Sie, ich muss zurück.«

Als ich am nächsten Morgen wieder in der Redaktion bin, liegt die Agenturmeldung bereits auf meinem Schreibtisch: »Börner entlässt Minister Fischer«. Noch schneller als erwartet hat der hessische Ministerpräsident gehandelt, wohl um einem Rücktritt Fischers zuvorzukommen. Fischer ist sein Amt los, und wir unseren Nachtcafé-Gast. Auch flehentliches Nachhaken bleibt ergebnislos. Der Minister a. D. ist erst einmal abgetaucht. Und in zwei Tagen ist die Aufzeichnung. Müssen einem wirklich schon vor der ersten Sendung graue Haare wachsen?

Es folgen zwei schlaflose Nächte, dann das erste Nachtcafé. Statt Fischer haben wir in letzter Minute einen Heiratsvermittler in die Runde gesetzt – eine zugegeben eher zweitklassige Ersatzlösung. »Schwierige Lieben« – ganz so schwierig hatte ich mir das Thema dann doch nicht vorgestellt. Immerhin: Am Aufzeichnungstag erscheinen alle Gäste überpünktlich zur Vorbesprechung im Hotel, zum Glück auch die hochschwangere Wackelkandidatin Sigrid Lindner, die Chefarzt-Geliebte.

Werben für die Nachtcafé-Premiere: Der Moderator
serviert seine Gäste auf dem Tablett.

Zwei Stunden später läuft der Titelvorspann. Ich stehe, vor
Kälte und Aufregung schlotternd, vor der Eingangstür zum
Schloss. Weil man den Valentinstag doch nicht einfach
ignorieren kann, habe ich 60 Tulpen im Arm, die ich gleich
nach der Begrüßung an das Publikum verteilen soll. Warum
war ich bloß auf diese alberne Idee gekommen?

In der Nachtcafé-Runde irritiert mich dann als erster Dietmar Schönherr. Er trägt, wie er später erzählt, einen von Vivi
selbstgestrickten Pullover, in den, nach bester Werbemanier,
die Spendenkontonummer für sein Nicaragua-Hilfsprojekt
eingestickt ist. Hatte der Intendant nicht gewarnt? Dieser
ewige Altlinke Schönherr! Im Schweizer Fernsehen hat er
vor nicht allzu langer Zeit US-Präsident Ronald Reagan mit
einem anatomisch eindeutigen Schmähwort belegt, wenn

auch, wie er beteuert, nur in einem Nebensatz. Einen Skandal zur Premiere, das stehen wir jetzt nicht auch noch durch.

Eines lerne ich als Talkshow-Novize zuallererst: Angst ist auch hier der schlechteste aller Ratgeber. Und noch eines: Die Gäste sollen im Mittelpunkt stehen, nicht der Moderator. Übrigens: Humor ist beim Talk ungeheuer hilfreich und hat nichts mit mangelnder Ernsthaftigkeit zu tun. Fast unmerklich kristallisiert sich schon bei der ersten Sendung, zumindest schemenhaft, der typische Nachtcafé-Stil heraus. Und die Gäste machen es mir leicht.

Eindrücklich vermitteln unsere Prominenten, was es heißt, wenn das eigene Liebesleben permanent der Begutachtung durch die Öffentlichkeit preisgegeben ist. Christine Kaufmanns Hollywood-Ehetraum, der nach nur fünf Jahren zum Albtraum mutierte, eignet sich bestens als Lehrbeispiel dafür: Trennung und Kampf um die beiden Töchter Alexandra und Allegra. Tony Curtis lässt die Kinder nach Amerika entführen, es beginnt ein acht Jahre währender Kampf ums Sorgerecht, der von der Boulevardpresse mit innigster Anteilnahme in großen Lettern begleitet wird. Erst 1980 kehren die Töchter zu ihr zurück.

Wie sieht sie ihre eigene Rolle in diesem Spiel? »Wenn jemand berühmt ist, ist alles Normale nicht mehr normal. Es ist schwerer, weil man dauernd beobachtet wird. Über seine wahren Gefühle kann man gegenüber den Medien eigentlich nicht wirklich reden. Heute rede ich gar nicht mehr darüber.« Nun ja, so ganz dogmatisch hat sich Christine Kaufmann weder vor noch während noch nach unserer Sendung an ihre eigenen Grundsätze gehalten. Und sie befindet sich da in bester Gesellschaft mit den meisten ihrer Zunft.

Und Dietmar Schönherr? Haben sich Vivi und Dietmar

nicht ganz bewusst als Traumpaar inszeniert und vermarktet? »Ja, aber das überholt einen an einem ganz bestimmten Punkt. Und dann haben wir es nicht mehr gewollt. Aber man kann es dann – wie im Zauberlehrling – nicht mehr loswerden. Es ist grässlich, wenn man auf der Straße nicht mehr gehen kann, ohne dauernd von jemand angequatscht zu werden. Und besonders, wenn man in einer jungen Liebesbeziehung steckt, ist dieses permanente Anquatschen tödlich. Wir sind nach Venedig geflüchtet, so dachten wir. Dann kamen irgendwelche Touristen auf uns zu und riefen laut: ›Ja was, das ist aber mal nett, die Vivi und der Dietmar! Ja, was machen Sie denn für ein saures Gesicht, wenn wir Sie erkannt haben, da können Sie sich doch freuen!‹«

Und dann werde eine unendlich verletzliche Beziehung auch noch in diese spezielle Art von Presse gezerrt. Und eigentlich würden die Journalisten ja nur darauf warten, dass man sich endlich scheiden lässt oder den Partner ständig verprügelt. »Wenn man aber sagt, ich bin jetzt 22 Jahre verheiratet, dann interessiert das keinen einzigen.« Als Vivi Bach viele Jahre später, 2013, stirbt, ist sie mit ihrem Dietmar 48 Jahre verheiratet gewesen.

Ein weiterer Gast in der Runde kann immerhin mit 29 Jahren Ehe aufwarten, obwohl er nach den Regeln seiner Zunft überhaupt nicht heiraten dürfte. Aber gerade deshalb sitzt er jetzt im Nachtcafé: Georg Denzler, katholischer Priester, Professor für Kirchengeschichte in Bamberg und seit 1973 Ehemann und Vater. Auch den widerborstigen gefallenen Kirchenmann habe ich vorab zu Hause besucht und mich sozusagen qua Lokaltermin vom realexistierenden Eheglück überzeugt. Als Ehefrau Irene 18 war, hatte sie den 20 Jahre älteren Priester bei der Jugendarbeit kennengelernt. Georg Denzler berichtet: »Wir haben uns gemocht, ohne dass ich daran gedacht habe, dieses Mädchen jemals zu heiraten. Das kam mir gar nicht in den Sinn, und das ging auch nicht. Ich hatte das Zölibatsgesetz angenommen. Mit Gottes Hilfe, dachte ich, wirst Du es schaffen.« Mithilfe des zuständigen Bischofs schafft er zunächst etwas anderes: Die mit nur 22 Jahren gefährlich junge Irene darf per Sondererlass seine Haushälterin werden. »Dass Gott mir hilft bei der Einhaltung des Zölibats, darauf habe ich vertraut und habe das 18 Jahre geschafft. Bis ich es eines Tages nicht mehr schaffen wollte …« Als Georg Denzler nach Gerüchten um die Schwangerschaft seiner Haushälterin zum Augsburger Erzbischof zitiert wird, will er von ihm eine ehrliche Lösung. Darauf meint der Erzbischof, Denzler würde die Tugend der Ehrlichkeit im Kontext der Moraltheologie wohl etwas falsch einordnen. Wenn man im Interesse der Kirche oder der Familie manches verdecken kann, dann solle man das ruhig tun. Unser Gast hält dagegen: »Ehrlichkeit ist das Allerwichtigste im Leben.«

Das konnte natürlich nicht gutgehen, der Versuch, dem Katholizismus durch Abschaffung der Doppelmoral den Boden zu entziehen. Denzler soll vom Priesterstand enthoben werden. Seine Gemeinde kämpft für ihn. Er selbst wehrt sich auch und wird exkommuniziert. Schließlich doch ein Kompromiss: Er bleibt im Priesterstand, darf aber keine Messe mehr abhalten. Als ich das notgedrungen nur standesamtlich getraute Paar im Vorfeld der Sendung zu Hause besuche, kann ich mich selbst vom Triumph der Liebe über das Zölibat überzeugen – und zwar in Gestalt zweier reizender Kinder. Im Nachtcafé findet Georg Denzlers mutige Haltung größte Anerkennung. Für das Publikum im Schloss ist er der Star des Abends.

Auch eine weitere nichtprominente Person erobert die

Zuneigung des Publikums: die Geliebte. Eine Geschichte wie aus dem Lore-Roman: Patientin verliebt sich in verheirateten Chefarzt. Bald erwartet sie ein Kind von ihm. Sigrid Lindner kennt den vergänglichen Zauber und das nachhaltige Elend der Geliebtenrolle: die Heimlichkeit, das Warten, das Nicht-Anrufen-Dürfen und immer wieder die Einsamkeit. »Wie wird sich Ihr Leben ändern, wenn das Kind da ist?« Die Antwort ist ernüchternd: »Ich glaube nicht, dass wir die Beziehung in dieser Form weiterführen werden. Ein Grund ist sicher, dass die Öffentlichkeit nicht erfahren darf, wer der Vater des Kindes ist, denn er hat einen katholischen Arbeitgeber.«

Später, nach der Geburt des Kindes, wird sie mir schreiben: »Lieber Wieland Backes, auch eine schwierige Liebe bringt Sternstunden des Glücks, die dann alles andere nebensächlich werden lassen und um derentwillen man dann

Die erste Nachtcafé-Runde am 14. Februar 1987 mit dem Thema »Schwierige Lieben«.

auch erträgt, was wehtut.« Die Beziehung ist nicht von Bestand. Als wir Jahre später Sigrid Lindner wieder ausfindig machen, erfahren wir, dass sie ihren Sohn Moritz alleine großgezogen hat.

Das Publikum im Schloss ist von den Geschichten meiner Gäste spürbar gefesselt. Die entscheidende Frage lautet nun: Werden die Zuschauer am Bildschirm ähnlich reagieren? Denn noch ist das erste Nachtcafé nicht gesendet. Die technischen Kosten für eine Live-Übertragung aus dem Favorite-Schloss erschienen dem Sender zu hoch. Die Ausstrahlung der Aufzeichnung findet erst in zwei Tagen statt und, was die Uhrzeit betrifft, spät, sehr spät, um 23.30 Uhr. Wer von unseren potenziellen Zuschauern wird da noch 90 Minuten vor dem Fernseher ausharren? Trübe Aussichten.

Auf dem Weg zum Erfolg

Wenn ich mich selbst vor den Fernseher setze, verhalte ich mich ausgesprochen konservativ. Mindestens fünf Minuten vor Sendungsbeginn muss ich meinen Platz eingenommen haben, mögliche weitere familiäre Zuschauer selbstverständlich auch. Am besten steht ein Glas mit Trinkbarem auf dem Couchtisch, die Beleuchtung muss der Rezeptionssituation angepasst sein. Das Schlimmste wäre jetzt, den Titelvorspann zu versäumen.

Als am 14. Februar 1987 die Nachtcafé-Premiere ansteht, läuft das alles natürlich noch ein bisschen extremer ab. Bereits 15 Minuten vorher nehme ich meinen Platz ein, meine Frau ebenfalls. Der kaltgestellte Schampus wartet auf Entkorkung. Im Programm strebt die Live-Übertragung aus Aachen, die »Verleihung des Ordens wider den tierischen Ernst«, dem Ende entgegen – meinen wir. Aber um 23.30 Uhr beherrschen die Büttenredner und Gardemädchen noch immer den Bildschirm. 23.35 Uhr, 23.40 Uhr, noch immer Karneval aus vollen Rohren. Meine Stimmung entwickelt sich zunehmend gegenläufig zu der ausgelassenen Heiterkeit auf dem Bildschirm. 23.50 Uhr und noch kein Ende … Es ist nicht fünf, sondern vier Minuten vor Zwölf als endlich der Nachtcafé-Titel startet. »Das war es dann wohl!«, platzt es enttäuscht aus mir heraus. Nach Wochen äußerster Anstrengung bin ich nun gründlich am Boden zerstört. Im Geiste versuche ich mich bereits mit einer Versetzung ins Archiv anzufreunden. Selbst die aufmunternden Worte meiner Frau können da nichts ausrichten. Es sei doch gar nicht so schlecht, was da zu sehen und zu hören ist. Die Flasche wird trotzdem geöffnet, ein schwacher Trost. Sicher lief unsere Premiere unter Ausschluss der Öffentlichkeit.

Aber ich sollte mich täuschen. Denn nach einer weiteren schlaflosen Nacht sprechen die Einschaltquoten eine andere Sprache. Offenbar sind viele Zuschauer der gut eingeschalteten Karnevalsübertragung auch nachmitternächtlich am Bildschirm hängen geblieben. Unsere Quoten können sich jedenfalls sehen lassen. Zahlreiche Anrufer beglückwünschen uns »zu dieser gelungenen Sendung«. Viele bekunden, sie wären bis zum Schluss, bis halb zwei Uhr nachts, mit Interesse dabeigeblieben. Vom Direktor oder vom Intendanten hören wir zwar nichts, aber die Presse berichtet breit. Der Chefredakteur der *Ludwigsburger Kreiszeitung* widmet unserer Premiere fast eine ganze überschwängliche Seite, und die *Stuttgarter Zeitung* titelt mit der Schlagzeile: »Ein gut verstecktes Schmuckstück«.

Wir spüren sehr bald: Presse und Zuschauer stehen hinter uns. Was wir damals noch nicht wissen: Dank einer anhaltend breiten Akzeptanz beim Publikum wird das Nachtcafé nach dieser ersten Sendung nie wieder infrage gestellt werden. Mit anderen Worten: Die Langlebigkeit unserer Sendung verdanken wir zuallererst der Treue unserer Zuschauerinnen und Zuschauer.

Gesendet wird im ersten Nachtcafé-Jahr 1987 nur monatlich, das heißt insgesamt elf Mal, immer samstags, spätabends, mit wechselnden Anfangszeiten – nicht gerade Idealbedingungen, um ein neues Format zu etablieren. In unserer eigenen Einschätzung steht unser Baby Nachtcafé nach wie vor auf wackligen Beinen.

Die zweite Sendung, nun zum Thema »Spieler«, ist nach der gelungenen Premiere eher von überschaubarem Reiz. Doch die Zuschauer bleiben trotzdem dabei. In der dritten Sendung geht es um »Luxusmenschen und Asketen«. Direkt aus Marbella eingeflogen, sitzt die Jetset-Adlige Gunilla von Bismarck, eine Urenkelin des »eisernen Kanzlers«, jetzt neben Karlheinz Böhm, der sein Schauspielerdasein gegen die Mission eines Nothelfers in Afrika ausgetauscht hat. Keine Frage, dass sich hier recht unterschiedliche Welten begegnen. Immer wenn ich Karlheinz Böhm später wiedertreffe, wird er mich auf seinen heftigen Disput mit der Gräfin ansprechen.

Auch in der vierten Sendung unter dem Titel »Helden«, in der die neue deutsche Greenpeace-Vorsitzende Monika Griefahn auf den Bergsteiger Reinhold Messner und den ehemaligen FDP-Bundesvorsitzenden Erich Mende trifft, zünden die Gegensätze. Dem »schönen Erich«, wie Mende auch genannt wird, ist im Zweiten Weltkrieg das Ritterkreuz verliehen worden. Als einer der ersten trug er es nach dem Krieg wieder öffentlich. Ich hatte ihn zum Vorgespräch im erwartbaren Bungalow in Bad Godesberg besucht. Als ich ihm und seiner Ehefrau Margot beim Tee gegenübersitze, geht mir ein Satz nicht aus dem Kopf, den Journalisten der ehrgeizigen Gemahlin zugeschrieben haben: »Erich, aufstehen, Karriere machen!« Die hat er, als er bei uns in der Sendung sitzt, sicher auch dank Margot, einigermaßen erfolgreich hinter sich gebracht.

Im Nachtcafé hat eine junge Frau aus Ulm, eine Amtsrichterin, besonderen Erregungswert für Mende. Sie hat in Mutlangen gegen die geplante Stationierung der Pershing II-Raketen protestiert. Für den Juristen und ehemaligen Elitesoldaten ist das schlicht unzulässig und »eine Demontage der richterlichen Würde«. Das hält Reinhold Messner nicht mehr auf seinem Stuhl: »Für mich ist das ein Beweis von Zivilcourage. Wenn es mehr davon in der Zeit von 1933 bis 1939 gegeben hätte, wäre es nie zum Zweiten Weltkrieg gekommen. Und wenn es jetzt nicht mehr Zivilcourage gibt, dann gibt es einen dritten Weltkrieg. Beamtete Richter müssen doch jetzt nicht nur einfach dasitzen, um Herrn Kohl zu gefallen. Wer ist denn schon Herr Kohl?« Zutiefst empört über diesen Affront versucht Mende die Ehre des Bundeskanzlers heldenhaft zu retten … Wir lernen sehr schnell, auch eine Sendung, die sich erklärtermaßen nicht der Tagespolitik widmet, muss nicht apolitisch sein und eine politische Diskussion nicht das übliche Ritual.

Der besondere Reiz der Sendung liegt im Aufeinandertreffen unterschiedlicher Welten und Charaktere und zudem in der Wirkung starker persönlicher Geschichten. In Anlehnung an den österreichischen Club 2 versuchen wir, die Sendung nach den bewährten Grundprinzipien eines Kasperltheaters zu besetzen: mit einem schlitzohrigen Kaspar, dem etwas einfältigen Seppel, mit einer Prinzessin, die alle begehren, einem wilden Räuber und einem Krokodil als Wadenbeißer.

Bald stellen wir fest: Sich mögliche Gäste auszudenken, ist vergleichsweise einfach, sie zu finden und für die Sendung zu gewinnen, gestaltet sich jedoch meist weitaus schwieriger. Auch das SDR-Pressearchiv entpuppt sich für unsere Personenrecherchen leider als ziemlich ungeeignet. Wenn es um Landes-, Bundes- oder Weltpolitik geht, ist das Senderarchiv geradezu ein Wunderhorn, aber wenn eine Suche nach interessanten Gästen oder gar Boulevardthemen ansteht, wird es schnell sehr dünn. Notgedrungen entscheidet sich die Redaktion, künftig regelmäßig nach München zu pilgern – in der meist begründeten Hoffnung, im gut bestückten Burda-Archiv erfolgreicher zu sein.

Unter meiner zur Strenge neigenden Grundhaltung entwickelt sich ein effizientes Recherche- und Vorbereitungssystem, ohne das der Erfolg des Nachtcafés nach meiner festen Überzeugung unvorstellbar wäre. Vom Internet ist damals im Jahr 1987, zumindest in der journalistischen Praxis, noch keine Rede. Es bleibt also nur die Nutzung der Pressearchive und der Aufbau eines eigenen Informantennetzes, der Kontakt zu Multiplikatoren, die sich in bestimmten Segmenten der Gesellschaft auskennen.

Bald hat sich ein fester Ablauf eingespielt: Erstbesprechung mit Festlegung der verschiedenen Rollen, die wir suchen, Recherche in Archiven und am Telefon. Dann eine Zwischensitzung mit vorliegenden Dossiers über mögliche Gäste. Im Anschluss Telefonate des Moderators mit denjenigen Gästen, die in die engere Auswahl gekommen sind. Eine Schlussbesprechung und mögliche Nachrecherchen.

Am Ende zieht sich der Moderator für eineinhalb Tage in die heimischen vier Wände zurück, ausgestattet mit einem dicken, von der Redaktion zusammengestellten Ordner, der nicht nur sämtliche Dossiers enthält, sondern auch Presseartikel zum Thema und zu den Personen sowie Vorschläge zur Sendungsdramaturgie. Zeitgemäß ausgedrückt, könnte man das Ganze Home-Office nennen. Am Aufzeichnungstag wird der Moderator von der verantwortlichen Redakteurin oder dem verantwortlichen Redakteur von zu Hause abgeholt. In einem Ludwigsburger Bistro folgt nun das laute Vorlesen der Moderation inklusive Fragen. Nur auf diese Weise, so die feste Überzeugung, sind wir genügend gewappnet, um nachmittags zur Stellprobe vor den Kameras im Schloss Favorite einzulaufen.

Schon nach den ersten Sendungen werde ich von Zuschauern gefragt: »Wie haben Sie eigentlich Ihren besonderen Moderationsstil entwickelt?« Auf meine Gegenfrage, was damit gemeint sei, höre ich in der Regel folgende Sätze: »Es gelingt Ihnen, Ihren Gästen sehr viel zu entlocken, ohne zu verletzen, ohne bloßzustellen.« »Bei Ihnen zählt ein unbekannter Gast so viel wie ein Prominenter.« »Sie lassen jedem seine Würde. Außerdem schätzen wir Ihren Humor.«

Habe ich einen eigenen Moderationsstil entwickelt? Eigentlich habe ich von der ersten Sendung an eher intuitiv losmoderiert. Über die Frage, wie das wirkt, machte ich mir erst einmal wenig Gedanken. Den richtigen Instinkt hatte als erster mein damals schon 80-jähriger Vater, der apodiktisch die Sätze fallen ließ: »Diese Sendung liegt Dir. Die gibst Du nie auf.«

Die Einschaltquoten des ersten Nachtcafé-Jahres wachsen kontinuierlich. Im Rundfunkrat melden sich sogar Stimmen, die eine Platzierung der Sendung im ARD-Programm anregen. Aus der Hauptabteilungsleiterrunde der Direktion erreicht mich die Beobachtung eines Teilnehmers: »Mir fällt auf, wie sich bei jedem weiteren Quotenerfolg des Nachtcafés die Mine des Direktors immer mehr verfinstert.«

Die rettende Couch

Es erscheint mir heute fast wie ein ungeschriebenes Gesetz: Hiobsbotschaften aus der Direktion erreichen mich vorzugsweise im Urlaub. So auch im Frühsommer 1988: Meine Familie und ich sind samt Verwandtschaft nach Korsika gereist. Vierzehn Tage ohne Sendungsdruck, endlich entspannen. Das gewählte Domizil bietet die besten Voraussetzungen dafür, eine harmonische Urlaubsgesellschaft, ein nobles Ferienhaus auf einem Hügel direkt unter dem Leuchtturm von Alistro, unweit der schönsten Strände der nördlichen Ostküste. Was will man mehr?

Vier Tage lang genieße ich die Ruhe, dann ein Anruf aus der Redaktion. Der Inhalt hat es in sich. Unsere zweite Sendestrecke, die »Großen Abende«, die wir neben dem Nachtcafé entwickelt hatten, wird ersatzlos abgesetzt, mit sofortiger Wirkung. Ich bitte die Anruferin, meine Vertraute Brigitte Dimter, sofort beim Chefredakteur Ernst Elitz zu intervenieren. Der Direktor soll doch bitte die Entscheidung bis zu meiner Rückkehr aussetzen. Dann können wir uns noch einmal darüber austauschen und unsere Argumente für den Erhalt vortragen. Sofort schreibe ich einen geharnischten Brief an den Chefredakteur. Wie hatte er nur zustimmen können? Täglich mehrfach meldet sich jetzt die Redaktion am Telefon, zu Gesprächen, die mindestens so lang wie ergebnislos sind. Auch nach meiner Rückkehr bleibt alles so wie mitgeteilt. »Wir werden nicht aufgeben«, verkünde ich in der Redaktion vollmundig. »Wir werden uns schon bald mit einem neuen Konzept wieder bemerkbar machen und uns erneut in den Wettbewerb um Sendungsplätze begeben.«

Inzwischen hat der Direktor seine Führungsriege neu strukturiert und besetzt. Es gibt jetzt einen Hauptabteilungsleiter »Kultur, Spiel, Unterhaltung«. Christof Schmid war zuvor Unterhaltungschef des Bayrischen Fernsehens, jetzt soll er die neue Hauptabteilung im SDR führen, und wir sollen ihm zugeordnet werden. Dabei fühlten wir uns in der Chefredaktion ganz wohl. Warum wechseln? In unseren Augen hat der neue, im Grunde sympathisch wirkende Mann einen schweren Makel: Er ist ein Personaleinkauf des Direktors und uns damit mehr als suspekt. Von wenig Hoffnung getragen, machen wir uns dennoch an die Entwicklung eines neuen Sendeformates.

An die Stelle, an der mich der Gedankenblitz traf, erinnere ich mich noch ganz genau. Es war auf meiner täglichen Fahrtroute ins Büro. Die Ampel an der Kreuzung Payerstraße stand noch auf Rot, als er mir einfiel. Keine Frage, das ist er, der Titel unseres neuen Sendungsformats: »Auf der Couch« – das lässt sich leicht mit Sigmund Freud und Psychoanalyse assoziieren und umschreibt kokett, was wir vorhaben: Eine Personality-Show über jeweils einen Star, der auf der Couch von mir befragt und mit allen möglichen Herausforderungen konfrontiert wird.

In der Redaktion sind alle Feuer und Flamme, der Titel wird allgemein als Treffer empfunden, das Konzept, das mir wie die meisten Sendungsideen überwiegend unter der Dusche eingefallen ist, überzeugt. Vielleicht sollten wir doch, unter Zurückstellung aller Bedenken, mit Christof

Schmid das Gespräch suchen; er könnte unsere Idee mög-
licherweise brauchbar finden. Nach einem alles in allem erfreulichen Gespräch mit Schmid schöpfen wir Hoffnung.
Doch es geschieht Merkwürdiges. Eine arrivierte Kollegin
ist etwa zeitgleich mit uns mit einem eigenen Konzept beim
Hauptabteilungsleiter vorstellig geworden. Und dieser trifft
zu unserem Erschrecken eine nicht unproblematische Entscheidung: Beide Konzepte werden erst einmal jeweils ver-
suchsweise produziert, und zwar unter dem gemeinsamen
Titel »Auf der Couch« – eigentlich unser Titel. Wir machen
den Anfang mit Stardesigner Luigi Colani als Gast. Darauf
folgt die Chefin des Düsseldorfer Kom(m)ödchens, die Ka-
barettistin Lore Lorenz.

Dann ist die Kollegin mit ihrem Format am Zug. Auch
ihre Namen können sich durchaus sehen lassen: Der Bergsteiger Reinhold Messner und der legendäre Ratefuchs aus
»Was bin ich?«, Guido Baumann. Doch der Form nach haben die beiden Konkurrenzprojekte wenig Gemeinsamkei-
ten. Als Christof Schmid nach der Testphase überraschend
unserem Produkt den Zuschlag erteilt, hat meine Redaktion neben dem Nachtcafé eine weitere reizvolle Aufgabe
dazugewonnen.

Das Licht im Studio ist gedämpft. Schemenhaft erkennt
das Publikum ein ausladendes Sitzmöbel, auf dem offenbar
eine Person Platz genommen hat, mit dem Rücken zur Kamera. Doch noch während die Titelmusik läuft, beginnt sich
das Möbel zu drehen. Es wird hell. Jetzt ist der Stargast des
Abends deutlich zu erkennen. In die Kamera lächeln, Begrü-
ßungsapplaus. So beginnen sie alle, die insgesamt 26 Folgen,
die wir von diesem aufwendigen 90-minütigen Studiofor-
mat produziert haben. Die Sendungskomponenten des Formats sind Gespräche des Moderators mit einem Hauptgast

und weiteren Überraschungsgästen. Es gibt Showeinlagen und andere Liveauftritte, hinzu kommen noch einige Filmeinspielungen – alles in allem ein komplexes Produkt, das ein sehr gründliches Porträt des Stargasts zeichnet, im besten Fall soll es ebenso erhellend wie unterhaltsam sein.

Mit »Auf der Couch« machen wir uns allerdings auch selber Konkurrenz. Sendetermin ist wie beim Nachtcafé ebenfalls der spätere Freitagabend, und der Moderator bin in beiden Fällen ich. Bald schlagen unüberhörbar zwei Seelen in meiner Brust. Welche der beiden Sendungen ziehe ich selbst vor? Welches Format liegt mir mehr? Das Zeug für einen Sendeplatz im Hauptabendprogramm der ARD hat »Auf der Couch« allemal, davon sind nicht nur wir überzeugt. Jetzt wollen wir aber erst einmal im Dritten gute Arbeit abliefern.

Konstantin Wecker, Inge Meysel, Joschka Fischer, Mario Adorf, Niki Lauda, Marcel Reich-Ranicki, Tomi Ungerer, Alice Schwarzer, Wolfgang Joop und Udo Jürgens. Schon diese kleine, unvollständige Gästeauswahl legt nahe, wer über diese wohlbekannten Berühmtheiten etwas Besonderes vermitteln will, muss schon tief in die Welt ihrer Persönlichkeit eintauchen, tiefer noch als beim eher thematisch ausgerichteten Nachtcafé. Und trotzdem sind, wie sich zeigt, die Couch-Gäste dann immer noch für eine Überraschung gut.

Inge Meysel zum Beispiel setzt gleich zu Beginn der Sendung eine Pointe, die eindeutig zu Lasten des Moderators geht. »Was haben Sie denn für eine scheußliche Jacke an?« Ich trage an diesem Abend ein nach meiner Empfindung todschickes lilafarbenes Samtjackett. Bevor ich das geplante Gespräch meinerseits überhaupt eröffnen kann, legt die Frau auf der Couch noch einmal nach: »Sie wissen doch sicher, Lila ist der letzte Versuch.« Mit jeder Minute dieser Sendung wird mir deutlicher, wer diese Frau einlädt, hat das Unberechenbare zu Gast.

Für Hüte hat Inge Meysel eine ausgesprochene Schwäche, sie soll davon mehr als hundert besitzen. Unsere Idee: Wir beauftragen zwei junge erfolgreiche Hutmacherinnen damit, einen Inge-Meysel-Hut zu entwerfen und ihr die Kreation in der Sendung feierlich zu überreichen. »Den setze ich nicht auf«, lautet die unerwartet harsche Reaktion, die die selbst einfallsreich behüteten Modistinnen in Schockstarre versetzt. In der Tat hat die präsentierte Kopfbedeckung etwas von der Anmutung eines Kochtopfes. Besser gefällt Inge Meysel der Hut, den eine der jungen Frauen trägt: »Der gefällt mir, den nehme ich!« Sprach es, setzte ihn auf und gab ihn nie mehr her.

Für die Sendung mit Joschka Fischer haben wir uns eine kleine, vielleicht ein bisschen gemeine Herausforderung ausgedacht. Wer Fischer näher kennt, weiß, dieser Mann glaubt an sich. Und zwar nicht nur als Politiker, sondern zum Beispiel auch an seine Qualitäten als Feinschmecker und Koch. Gerne beruft er sich in diesem Zusammenhang auf seine angeblich toskanische Großmutter. Beim Vorgespräch, das am Anfang der Sendungsplanung stattfindet, kommt daher die Idee auf, Fischer könnte doch für uns in seiner Frankfurter Wohnung etwas kochen – vor laufender Kamera, versteht sich. Dem grünen Politiker gefällt die Idee, und wir denken uns Folgendes aus: Als Produktionsleiter getarnt, werden wir einen Tester des renommierten Restaurantführers »Gault-Millau« bei Fischer einschleusen. Er soll mit am Tisch sitzen, wenn gegessen wird, und in der Sendung dann einem hoffentlich überraschten Joschka Fischer live und vor Publikum seine Restaurantkritik präsentieren.

Wenige Minuten bevor wir mit dem Kamerateam bei Fischer einlaufen, lerne ich am Frankfurter Hauptbahnhof schnell noch unseren angeblichen »Produktionsleiter« kennen, den Restauranttester. Wir verpassen ihm kurzerhand den Decknamen Fritz Braun. Hoffentlich ist er dem falschen Spiel gewachsen, und hoffentlich können wir es einrichten, dass er auch selbst am Tisch mitessen darf. Sonst wäre alles vergebliche Liebesmüh. Den Meisterkoch finden wir in bester Stimmung vor. Er freut sich ganz offensichtlich darauf, uns und dem Publikum etwas vorzukochen. Eine hausgemachte Lasagne soll es geben, natürlich mit besten Zutaten. Schon bei den ersten Handgriffen spürt man, dieser Mann steht nicht zum ersten Mal in der Küche. Der Teig wurde vom Gastgeber selbst zubereitet, Fleisch und Gemüse sind in der Pfanne. Abgelöscht wird mit einem edlen Brunello di Montalcino. »Ein Jammer, aber es muss sein«, bemerkt mit gespaltener Zunge der Koch. Zu meinem Entsetzen hat

Auf der Couch mit Joschka Fischer

der Restauranttester inzwischen Stift und Schreibblock gezückt und beginnt sich akribisch Notizen zu machen. Ich gebe ihm unmissverständliche Handzeichen und schaffe es gerade noch, ihn in einen Nebenraum abzudrängen.

Dass außer Fischer und mir auch seine aktuelle Ehefrau sowie sein Freund und Pressesprecher am Esstisch Platz nehmen werden, ist so besprochen. Aber warum um Himmels Willen muss auch dieser ominöse Produktionsleiter mitessen? Das will der Gastgeber überhaupt nicht verstehen. Ich nehme Fischer beiseite und bitte ihn vertraulich, aus internen Gründen auch ihn zu berücksichtigen. »Also, meinetwegen, ein Gedeck mehr.«

Und dann das Essen, einfach vorzüglich. Die kalten Vorspeisen kommen zwar fertig vom Traiteur, aber die hausgemachte Fischer'sche Lasagne hat es in sich – offensichtlich nicht nur für meinen Laiengeschmack. Der Tester schnüffelt an jedem Bissen. Schließlich will er in der Sendung ein fachlich fundiertes Urteil abgeben.

Als der Coup in der Live-Situation dem bis dato völlig ahnungslosen Fischer enthüllt wird, zeigt dieser sich not amused: »Fies, fies, hinterhältig«, dröhnt es aus ihm heraus. »Das hätte ich Ihnen nicht zugetraut, Herr Backes. Sie machten mir so einen sanften und ehrlichen Eindruck.« Da hat sich doch bei aller Jovialität unüberhörbar auch ein vergrätzter Unterton bei Fischer eingeschlichen. Dabei fällt das Expertenurteil insgesamt doch sehr milde aus. Der Tester meint, für einen Politiker koche er ganz gut, und verleiht ihm immerhin 13 von 20 Gault-Millau-Punkten. Gerügt wird allerdings, dass er bei seiner Meister-Lasagne auf selbstgeriebenen Käse verzichtet hat und stattdessen tief in eine Plastiktüte mit zerkleinertem Emmentaler griff – aus Zeitmangel natürlich. Typisch Politiker.

Solche Herausforderungen, mit denen die Gäste bei »Auf der Couch« konfrontiert werden, mögen harmlos wirken, oft verraten sie aber beträchtlich mehr über den Gast als manches Gespräch.

Als der ehemalige Formel-1-Star und damalige Airline-Eigner Niki Lauda auf der Couch sitzt, ist auch einer seiner glühendsten Verehrer als Überraschungsgast eingeplant. Jean Tinguely, der Künstler, der es mit seinen kuriosen klappernden und ratternden Maschinenkonstruktionen zu Weltruhm brachte, schickte an Niki Lauda über Jahre unzählige gezeichnete Fan-Briefe, die der Adressat, der sich des Wertes der Zusendungen wohl bewusst ist, Stück für Stück sorgfältig verwahrt. Persönlich begegnet sind sich die beiden noch nie. Jetzt sitzen zwei Charaktere, die gegensätzlicher nicht sein könnten, erstmals nebeneinander: Lauda, der total kontrollierte, disziplinierte und präzise Techniker. Und Tinguely, der Künstler, der Bohemien und Filou, der Mann, der genauso zu funktionieren scheint wie seine wundersamen Maschinen.

Was im Gespräch sich bereits andeutet, bestätigt das anschließende Experiment auf beeindruckende Weise. Der Vorhang der Nebenbühne öffnet sich. Die Probanden blicken jetzt auf eine windungsreiche Rennstrecke, einen Formel-1-Parcours mit ferngesteuerten Carrera-Modellautos, den unser Bühnenbildner sich liebevoll ausgedacht und der zuständige Requisiteur stundenlang mit Hingabe getestet hat. Außer Lauda und Tinguely tritt auch ein langjähriger Rennsport-Weggefährte von Niki Lauda an, Hans Joachim Stuck. Er soll sich als erster durch den Rundkurs arbeiten. Abgesehen von einigen Stolperern gelingt ihm das auch ganz passabel. Dann Niki Lauda: Hochkonzentriert und fokussiert meistert er die Aufgabe, ohne auch nur irgendwo anzuecken, in Rekordzeit. Fehlt noch Tinguely: Er fährt am Start kurz an, stoppt, wendet das Auto um 180 Grad und fährt wenige Sekunden später in unerreichbar kurzer Zeit ins Ziel. Ihm gehört sowohl der Sieg als auch die Zuneigung unseres Publikums.

Während sich alle Gäste nach der Aufzeichnung in der Regel noch auf ein Glas zusammensetzen, wartet auf Niki Lauda bereits sein Privat-Jet startklar am Stuttgarter Flughafen. 35 Minuten nach Sendungsende und nur wenige Minuten bevor der Flughafen schließt, entschwebt die Maschine mit Lauda am Steuer in den Nachthimmel gen Österreich. Die nächsten Termine warten schon.

Andere Gäste zeigen mehr Anhänglichkeit. Modeschöpfer Wolfgang Joop war bei »Auf der Couch« wie auch im Nachtcafé zu Gast, und bei beiden Gelegenheiten wollte er sich hinterher fast nicht von uns trennen. Dem Hinweis, dass das Restaurant, in dem wir den Abend ausklingen lassen, jetzt allmählich schließen will, begegnet er kurzerhand mit der Offerte, die Lokalität notfalls aufzukaufen. Schon geraume Zeit hat er sein außergewöhnliches zeichnerisches Talent unter Beweis gestellt und einen Gast nach dem anderen portraitiert. Irgendwann bin fast zwangsläufig auch ich an der Reihe. Joop setzt den Stift an, schaut mir tief in die Augen und spricht: »Wieland, wissen Sie, dass Sie schön sind?« Ich zehre noch heute von diesem Satz.

Inzwischen ist spürbar: »Auf der Couch« ist ein Format, das nicht nur die Redaktion begeistert, sondern auch die Zuschauer und – nicht ganz unwichtig – auch den Produktionsbetrieb des SDR. Sieben Folgen unserer Sendung sind bereits ausgestrahlt, da folgt der Mann, der uns den Weg ins Programm geebnet hat, Christof Schmid, den Lockrufen aus Baden-Baden. Neuer Leiter von »Kultur, Spiel, Unterhaltung« beim SDR in Stuttgart wird ein alter Bekannter, der schon demonstriert hat, dass er etwas von meiner Arbeit hält: Dieter Schickling. Einst hat er mich fest angestellt. Jetzt ernennt er mich zum Leiter der Abteilung »Unterhaltung II – Journalistische Unterhaltung«, während er selber die großen Shows und dergleichen unter seinen Fittichen hat. Meistens im Doppelpack reisen wir ab jetzt zu den Sitzungen der ARD-Unterhaltungskoordination. Auf diesen Treffen geht es ans Eingemachte, insbesondere, wenn es um die Verteilung der Sendeplätze im ARD-Programm geht.

Insider vertreten die Auffassung, man dürfe während der Sitzungen der Unterhaltungskoordination niemals den Raum verlassen. Selbst von einem Toilettengang sei abzuraten. Mancher ahnungslose Wiederkehrer musste schon schmerzlich erfahren, dass sein Sendeplatz im Programm leider in der Zwischenzeit abhandengekommen ist.

Von der Sitzung im Frühjahr 1991, auf der Dieter Schickling allein unseren Sender vertritt, kehrt er gut gelaunt und ohne Verlustmeldungen zurück. Im Gegenteil, er hat völlig unerwartet etwas für uns schier Unglaubliches durchgesetzt: Ab 1992 läuft »Auf der Couch« im Hauptabendprogramm der ARD. Als ich die frohe Botschaft der Redaktion verkünde, steht mir die übergroße Freude im Gesicht. Das einsetzende Schlottern der Knie merke nur ich.

Mit der Couch ins Erste

»Leute, das wird kein Spaziergang!« Meine berüchtigten aufmunternden Worte an die Redaktion kennen die Mitarbeiter nur zu gut. Auch den ebenso gefürchteten wie belächelten Satz: »Gebt Euch ein bisschen Mühe!« Ab jetzt gehören solche Äußerungen, die früher nur dann und wann fielen, zur täglichen Dosis dessen, was ich fälschlicherweise unter Mitarbeitermotivation verstehe. Denn das Team braucht eigentlich keine zusätzliche Motivation. Meine inzwischen sehr erfahrenen Redakteurinnen und Redakteure sind geradezu notorisch hochmotiviert und engagiert. Ohne sie, ohne Friederike Barth, Brigitte Dimter, Thomas Miller und Marlies Ziller, wären wir bestimmt nicht da, wo wir heute stehen.

Jetzt einfach das Konzept, das wir im Dritten Programm entwickelt und erprobt hatten, übernehmen, das wäre sicher der falsche Weg. So einfach werden wir es uns nicht machen. Mit ungebremstem Perfektionsdrang werden neue Sendungselemente in Betracht gezogen. Manch bewährtes Element wird dafür kurzerhand eliminiert. Dafür erfinden wir unter anderem zwei »Assistentinnen«, die mit kabarettistischen Kommentaren den Moderator bespötteln sollen. Wir stecken sie in eigens entworfene Sackkleider, die wie lebende Mondrian-Bilder daherkommen. Ein Graus! Das bewährte Zuschauerrätsel in der Sendung wird gestrichen.

Dafür bitten wir einen international renommierten Spiele-Entwickler, mit uns die ultimative neue Idee zu kreieren. Allerdings ohne Erfolg: Der Versuch wird ergebnislos abgebrochen. In bedenklichem Ausmaß wachsen mit jedem Tag die Unruhe und Verkrampfung. Immerhin, der für die Premiere vorgesehene Hauptgast kann sich sehen lassen. Es ist keine Geringere als die Schauspielerin Senta Berger.

Der französische Taxi-Fahrer, der uns vom Hauptbahnhof in München zum verabredeten Treffpunkt mit unserem Star fährt, empfängt uns mit einem Satz, der uns an diesem trüben Herbstmorgen des Jahres 1991 gerade gelegen kommt: »La vie est dure et monotone.« Nicht gerade ein ermunterndes Menetekel für diesen Tag.

Senta Berger, die wir in der gemeinsamen Filmfirma des Ehepaares Berger-Verhoeven antreffen, ist, zumindest heute, offensichtlich nicht in Bestform. Eher fahrig und lustlos beantwortet sie unsere Fragen. Sie steht erkennbar unter Druck. Wir wissen allerdings nicht unter welchem. Sie überlegt, was sie ihren Söhnen zum Mittagessen kochen soll … Oder doch eher eine Pizza bestellen? Ob das die einzige Ursache für ihre Unruhe ist? Wir erfahren es nicht. Mit eher gemischten Gefühlen treten wir, nachdem zumindest die Frage des familiären Caterings glücklicherweise durch einen Anruf beim Pizza-Service gelöst werden konnte, die Heimreise an.

Unaufhaltsam nähert sich der Tag der Aufzeichnung: Mimosen sind Senta Bergers Lieblingsblumen. Ich hoffe, mein Team hat das richtig recherchiert. Denn jetzt stehe ich mit einem Strauß dieser im wahrsten Sinne des Wortes sensiblen Gewächse auf Bahnsteig 8 des Stuttgarter Hauptbahnhofs. Heute soll unsere ARD-Premiere im Studio aufgezeichnet werden. Und deshalb darf schon gar nichts schiefgehen, insbesondere nicht der Empfang meines Stargasts. Doch der Mensch, der mir da entgegenkommt, scheint mir ein ganz anderer zu sein als der, den ich vor drei Monaten in München traf. Strahlend und fröhlich läuft sie auf mich zu, würdigt mit einem Witz die Mimosen und gibt sich als pflegeleichtester Mensch der Welt. Jetzt realisiere ich definitiv, dass es sich bei Senta Berger um einen mindestens so intelligenten wie ausgemachten Profi handelt. Diese Frau weiß genau, wann es worauf ankommt.

Alles im Studio ist akkurat vorbereitet. Titelvorspann und Bühnenbild wurden aufwendig neu gestaltet. Alle Überraschungsgäste sind da und gebrieft. Alles läuft nach Plan. Wochenlang hatte ich mich um jedes Detail penibel selbst gekümmert, nur um eines nicht, um mein Outfit als Moderator. Lammfromm und offenbar blind wie ein Maulwurf ließ ich mich von einer mir unbekannten Kostümbildnerin ohne Widerworte einkleiden. Die unentschuldbare Konsequenz: In meiner ARD-Premiere moderiere ich in einem abgrundtief scheußlichen, erdbeerfarbenen Jackett.

Es ist Senta Berger rückblickend hoch anzurechnen, dass sie – selbst in unverfängliches, elegantes Schwarz gekleidet – meinen schweren modischen Fehlgriff nicht für eine erste Pointe auf meine Kosten genutzt hat. Das Gespräch mit ihr ist eine einzige Wonne, ein Wiener Gewächs von Weltformat. Hinterlistig kündige ich an, dass wir jetzt mit 14 kurzen Filmausschnitten von wenigen Sekunden Dauer einen Überblick über ihr schon 35 Jahre währendes Schaffen vor der Kamera zeigen werden. Zu sehen sind 14 Kussszenen mit 14 verschiedenen Männern. »Und dafür bekommen Sie auch noch Geld«, wendet der neiderfüllte Moderator ein. »Glauben Sie mir, diese Szenen gehören zu den schwierigsten überhaupt«, entgegnet mein Star. »Wollen Sie es mal

ausprobieren?« Und dann geschieht es: Vom unerwarteten
Lehrangebot vollkommen überfordert, versuche ich mein
Bestes und werde mit einem entschiedenen »»Nicht!« von
weiteren Dilettanterien gerade noch abgehalten. Einen
filmreifen Kuss konnte ich auf diese Weise natürlich nicht
erlernen.

Eine gute Stunde später eröffnet sich für Senta Berger
die Gelegenheit zur Revanche. Da sie in ihren Filmen nicht
nur viel geküsst, sondern auch reichlich getanzt hat, soll sie
jetzt mit einem mehrfachen Tanzweltmeister aufs Parkett.
Sie entscheidet sich für einen Walzer, aber nicht für den
Tanzweltmeister, sondern zu meinem Entsetzen für mich.
Den Rest kann man sich vorstellen … Ich denke, ich bin
eben doch eher der Mann für das hintergründige sensible

Fachkundige Unterweisung: Senta Berger versucht mir
die Technik des perfekten Filmkusses beizubringen.

Gespräch. Auch davon gibt es zum Glück reichlich in dieser Premiere an diesem 27. Februar 1992.

Am Morgen danach schlägt dann die Stunde der Wahrheit. Wie wird die Einschaltquote aussehen? Wie die Kritiken? Wir können erleichtert aufatmen: Fast fünf Millionen Zuschauer waren an diesem Donnerstagabend dabei und die Kritiken klingen immerhin mehrheitlich wohlwollend. Es wird also mit uns weitergehen im Ersten. Insgesamt vier »Auf der Couch«-Sendungen sind für das Jahr 1992 verabredet. Nach dem Anfangserfolg sollen Abende mit dem Schauspieler und Schriftsteller Franz Xaver Kroetz, mit der Schauspielerin Iris Berben und dem Kabarettisten Dieter Hildebrandt folgen.

Mit den Erfahrungen der Premiere im Rücken wagen wir mehr: Unsere Ideen werden kühner, die Herausforderungen für die Gäste frecher. Franz-Xaver Kroetz war um 1992 nicht nur der meistgespielte Dramatiker deutscher Zunge, auch als Schauspieler in der Kultserie »Kir Royal« hatte er sich in der Rolle des Klatschreporters Baby Schimmerlos eine beachtliche Popularität erworben. Als gefragter Gast taucht er jetzt in zahlreichen Fernsehsendungen auf, auch in der traditionellen Weihnachtssendung »Stars in der Manege«. Dort soll er den Mutigen geben. Unter Aufsicht des erfahrenen Tigerbändigers Dieter Farell begibt er sich vor den Augen des Publikums und der Fernsehkameras selbst in den Raubtierkäfig. Mit zwei langen Peitschen in der Hand und Farell an seiner Seite scheint zunächst alles vorzüglich zu klappen. Aus Dankbarkeit wirft Kroetz sich vor dem brav Männchen machenden Koloss von Tiger auf die Knie. Das Raubtier aber interpretiert die Situation nach seinen Spielregeln und setzt zum Sprung auf sein Opfer an. Mit einem lauten Schrei gelingt es dem von der anderen Käfigseite

herbeieilenden Farell gerade noch, das Schlimmste zu verhindern. Der gebändigte Tiger bricht sein tödliches Unter-
fangen in letzter Sekunde ab.

Würde sich Franz Xaver Kroetz nach diesem traumati-
schen Erlebnis noch einmal in den Raubtierkäfig wagen?
Deli, Kaschmir, Konen, Rani und Taiga sind schon am
Vortag angereist. Niedergelassen haben sie sich auf dem
Aufschlagplatz direkt vor unserer Studiotür, verlässlich gesichert hinter den Gitterstäben ihrer Transportkäfige. Die
fünf Königstiger des Meisterdompteurs Dieter Farell.

In der Sendung wollen wir Kroetz erst einmal in ah-
nungslosem Zustand belassen. Dann soll sich ein Vorhang
zu einer Bühne öffnen, auf der der Raubtierkäfig bereits
aufgebaut ist. Doch es gibt Probleme. Niemand hatte offenbar bemerkt, dass die Transportkäfige mit den Tigern direkt
vor dem Ansaugstutzen der Studio-Klimaanlage positioniert wurden. Schon kurze Zeit danach riecht es im ganzen
Haus penetrant nach Tiger. Proteste aus den Büros, große
Aufregung. Uns aber treibt eine andere Frage um: Wird der
eintreffende Kroetz den Braten im wahrsten Sinne des Wortes riechen?

Also wird die Klimaanlage erst einmal abgeschaltet und
ausgiebig gelüftet. Und: Kroetz merkt tatsächlich nichts.
Erst als der Vorhang zum Raubtierkäfig sich öffnet, weiß er,
was auf ihn zukommt: »Mach' es noch einmal Franz Xaver!«
Und tatsächlich, er betritt mit Farell in unserer Sendung erneut den Schauplatz der Dressur, so cool wie ein richtiger
Held. Während mir der Schweiß auf der Stirn steht und das
Publikum bibbert, lässt er seelenruhig die Tiger durch einen
Reifen springen, Männchen machen und nebeneinander
auf dem Boden kuscheln. Wir hätten eigentlich nach die-
sem waghalsigen Auftritt seinen Puls messen müssen. Ich

Franz Xaver Kroetz in »Auf der Couch« – Gleich wird er
den Tigerkäfig betreten.

glaube, er wäre kaum erhöht gewesen. In dieser Sendung
gab es übrigens auch eine Begegnung mit seiner Schwie-
germutter Maria Schell, hier wäre das Pulsmessergebnis mit
Sicherheit anders ausgefallen.

An Ideen mangelt es nicht bei »Auf der Couch«. Ob der
Bayer Kroetz unter den Klängen einer Blaskapelle einen
Maibaum erklimmen muss oder Iris Berben, ausgerechnet auf dem Paderborner Domplatz, den aus der Messe
strömenden Gläubigen Kondome für die Aidshilfe feilbie-
tet. Auch die Presse bestätigt immer deutlicher: »Auf der
Couch« ist eine besondere Unterhaltungssendung, die den
üblichen Rahmen sprengt.

Nachdem drei der vier für 1992 geplanten Sendungen
bereits erfolgreich gesendet wurden, entscheidet sich die
Unterhaltungskoordination der ARD für eine Fortsetzung

des Formats im kommenden Jahr. Das gibt Planungssicherheit. Festzulegen sind jetzt nur noch die einzelnen Sendetermine. Dies soll bei einem gesonderten Treffen in Frankfurt geschehen – mitten in meiner Urlaubszeit. »Da muss ich nicht unbedingt dabei sein«, denke ich noch, »da kann ich mich auch vertreten lassen.« Ich hätte vorsichtiger sein sollen.

Der Briefumschlag ragt zur Hälfte aus dem rostigen Briefkasten am Gartenzaun unseres Ferienhauses in der Bretagne. »Sicher nur Werbung«, denke ich. Doch es ist ein Telegramm aus der Redaktion. Ich solle möglichst sofort anrufen: »Auf der Couch« ist abgesetzt. Aus der nächstliegenden Telefonzelle rufe ich meine Redakteurin an, die mich auf der Sitzung vertreten hat. Die Botschaft klingt unumstößlich. In einer überfallartigen Aktion hat die Fernsehunterhaltung des Bayerischen Rundfunks unsere Sendeplätze für eine eigene Sendung gekapert – für eine Witzeshow mit dem Titel »Gaudimax«. Und leider hat sich der BR durchgesetzt.

Schon wieder ein verdorbener Urlaub. Den Direktor zu bemühen, zwecklos. Auch die Mobilisierung anderer möglicher Verbündeter erweist sich als vergeblich. Gaudimax, das sei eben im Zeitalter der Konkurrenz mit den Privaten die Massenunterhaltung, die den Geschmack von vielen bedient. Wenig später stößt die Sendung wegen ihres bedenklich niedrigen Niveaus bei den ARD-Aufsichtsgremien auf massive Kritik.

In dieser Situation beschließe ich erst einmal, mit meiner Familie endlich ein eigenes Haus zu bauen. Warum soll ich mir andauernd den Kopf über Fernsehkonzepte zermartern? Dann doch lieber Fliesen aussuchen fürs Bad.

Ist das noch mein Fernsehen?

»Eigentum belastet nur.« Alle meine Freundinnen und Freunde kennen diesen dogmatischen Spruch von mir nur allzu gut. Immobilienbesitz, das war für mich über viele Jahre geradezu ein Synonym für Establishment und Spießertum. Eine Wohnung oder gar ein Haus kaufen? Niemals!

Kein Wunder, dass mein Umfeld es fast nicht glauben will, als ich eines Tages mit der Nachricht komme: Wir bauen ein Haus! Im Grunde war es ja auch, wie ich zu meiner Entlastung anführe, nur ein halbes Haus, genauer gesagt, eine Doppelhaushälfte mit einem klitzekleinen Garten drumherum. Eine fast schon verzweifelte Notmaßnahme war dieser Erwerb von Grund und Boden, nachdem wir eine mehrjährige intensive Suche nach einem Mietobjekt, das uns als vierköpfiger Familie ein einigermaßen akzeptables Zuhause bieten würde, ergebnislos eingestellt hatten.

Und jetzt auf dem Weg zum halben Hausbesitzer! Noch nie im Leben hatte ich mich mit Baukrediten, Zinsentwicklung, Tilgung und Disagio beschäftigt. Dass auch ein kleines Haus in der Großstadt keineswegs mit Kleingeld zu erwerben ist, zeigt sich allerdings schon recht bald. In vorauseilender Solidarität bietet meine Frau schon an, künftig beim Lebensmitteleinkauf einsparen zu wollen: statt Feinkostladen, Supermarkt. Statt Supermarkt, Discounter. »Kinder«, sage ich bedeutungsheischend, »wir müssen jetzt etwas mehr auf das Geld achten«. Bei meinem pubertierenden Sohn stößt mein Anliegen auf wenig Verständnis. Er hat mit seinen 16 Jahren gerade die Börse für sich entdeckt und ist fest davon überzeugt, dass nur Leute von gestern – damit meint er in diesem Fall mich – glauben, dass man sein Geld mit Arbeit verdienen muss. Er lässt lieber sein Geld für sich arbeiten. Erst als die platzende Spekulationsblase um die Jahrtausendwende seine Spargroschen in Luft auflöst, spüre ich bei ihm eine gewisse Bereitschaft, seine Ansichten über Geld und Arbeit etwas zu überdenken.

Mein Credo war, zumindest bis dato, ein anderes: Für mich ist mein Beruf ein Geschenk. Welch ein Luxus, dafür auch noch Geld zu bekommen! Doch mein Unbehagen wächst. Nicht erst seit der bitteren Erfahrung mit »Auf der Couch« stelle ich mir immer öfter die Frage: »Ist das noch mein Fernsehen?«

Offiziell weist die ARD die Behauptung zurück, seit dem Bedeutungsgewinn der kommerziellen Sender hätte sich auch das Niveau der Öffentlich-Rechtlichen verändert. Doch der Spagat zwischen inhaltlichem Standard und Massenerfolg gelingt nur bedingt. Die Drohgebärden der Politik in der Gebührenfrage nehmen immer heftigere Züge an. Da reißt selbst zwischen alten Parteikollegen das Band der Freundschaft. Ministerpräsident Lothar Späth, der sich Ende der 80er-Jahre kategorisch gegen die anstehende Gebührenerhöhung sperrt und SDR-Intendant Hans Bausch, beide Mitglieder der CDU, werden einander geradezu spinnefeind. Auch als ich Hans Bausch bei einer internen Abschiedsfeier 1989 zum Gespräch auf die Couch bitten darf, ist dieses Zerwürfnis noch immer eine offene Wunde.

Für Teile der Politik scheint die Zeit reif zu sein, das unbequeme öffentlich-rechtliche System nachhaltig zu schwächen. Die kommerziellen Sender wittern Morgenluft für ihre eigenen Vorstellungen von einem erfolgreichen Fernsehprogramm, in dem das Wort »Niveau« allerdings keine Rolle mehr spielt. Eine Welle von »Nachmittag-Talkshows« überschwemmt jetzt die Programme der Privatsender. Namen wie Hans Meiser, Arabella Kiesbauer, Ilona Christen und Bärbel Schäfer stehen für eine Entwicklung, in der Voyeurismus das Grundprinzip und Menschenwürde Nebensache ist: Talkshows mit Herrn und Frau Jedermann auf unterstem Niveau. Unsere Redakteure grenzen sich vorsichtshalber ab und sprechen bei ihren Nachtcafé-Recherchen jetzt lieber von einer »Gesprächssendung«.

Nachdem der Kick der Nachmittag-Talkshows nicht mehr ausreicht, folgen weitere Steigerungen mit geradezu menschenverachtenden Konzepten wie »Big Brother«, das »Dschungelcamp« und eine Inflation von »Reality-Shows«, deren Besonderheit darin besteht, dass sie mit der Wirklichkeit meist wenig zu tun haben. Noch nie war die Gelegenheit, sich im Fernsehen vor einem Millionenpublikum lächerlich zu machen, so groß. Die Skala des Unsäglichen öffnet sich immer weiter – nach unten. In einer ARD-Sitzung wird vorgeschlagen, das Erste solle sich jetzt endlich auch den Möglichkeiten des Reality-TV stellen.

Just in dieser Zeit rühren sich Gerüchte über eine geplante Neuordnung der öffentlich-rechtlichen Senderlandschaft im Südwesten. Wieder einmal. Anläufe, die durch die Besatzungsgrenzen nach dem Zweiten Weltkrieg geprägten Sendegebiete der politischen Wirklichkeit anzupassen, gab es schon genug. Jetzt, Mitte der 90er-Jahre, scheint es ernst zu werden. Die Frage, die sich die Mitarbeiter und Mitarbeiterinnen in den Sendern stellen, ist nur: Was steckt hinter diesem neuen Versuch der Fusion von SWR und SWF? Soll der öffentlich-rechtliche Rundfunk dadurch gestärkt oder eher geschwächt werden? Will die Politik ihre Einflussmöglichkeiten auf den Sender ausbauen? Und wo wird künftig die Musik spielen, in Stuttgart oder doch eher in Baden-Baden – im »Seitental der Oos«, wie man beim SDR gerne die Provinzialität des SWF-Standorts in der Kurstadt geißelt?

Der Mann, der als Motor der Unternehmung vorgesehen ist, residiert ebenfalls in Baden-Baden. Peter Voß, ehemals Leiter des ZDF-heute-journals, ist seit 1993 Intendant des Südwestfunks. Er ist einer, dem man zutraut, dass er schon bei Amtsantritt seine historische Mission fest im Auge hatte: Die Senderfusion. Eine günstige Gelegenheit bietet sich, als für SDR-Intendant Hermann Fünfgeld das Ende seiner Dienstzeit naht. Da bleibt nur einer übrig, der als Intendant des dann zweitgrößten Senders der ARD in Betracht kommt. Rasch verbreiten sich Gerüchte, die künftige Intendanz werde selbstverständlich in Baden-Baden liegen. Bei einer Informationsveranstaltung im SDR fällt das Wort »feindliche Übernahme«. Zwischen Neckarstraße und Villa Berg grassiert die Zukunftsangst. Mit einigen Freunden fasse ich den Entschluss, dass wir uns nicht mit der Zuschauerrolle zufriedengeben wollen.

»Ich bin mir mit meinen drei Intendantenkollegen einig. Die Staatstheater sind geschlossen mit dabei. Wir stehen voll hinter Ihrer Initiative.« Der Anrufer, der mich mit dieser Haltung überrascht, ist kein Geringerer als Klaus Zehelein, der erfolgreiche Intendant der Stuttgarter Oper. Es war nicht mehr als ein Rundruf nötig, um die Stuttgarter Medienszene wach zu rütteln: Vom freien Fernsehproduzenten bis zum Tonstudioinhaber, vom Verleger Michael Klett über den Jazz-Musiker Wolfgang Dauner bis zum Schauspieler Walter Schultheiß, überall rennen wir offene Türen ein.

Endlich rücken die Medienschaffenden enger zusammen.
Was sie verbindet, ist klar: Die Sorge, dass die Region als Me-
dienstandort im Zuge der Fusion unter die Räder kommt.
Stuttgart, so das erklärte Ziel, muss Hauptsitz des künftigen
Senders werden.

Die neugegründete Initiative »Medienregion Stuttgart«
lädt kurz darauf zu ihrem ersten Treffen in das Heslacher
Schützenhaus. Auf Anhieb finden sich rund 350 Interes-
sierte ein. Die *Stuttgarter Zeitung* schreibt: »So hat sich die
Szene noch nie getroffen. Wer um alles in der Welt hat es
fertiggebracht, die Prominenten und die Kreativen, die Ein-
zelgänger und die Führungskräfte zusammenzutrommeln?«
Die Wirtschaftsregion Stuttgart, repräsentiert durch die für
den Medienbereich zuständige Bettina Klett, unterstützt die
aufmüpfige Aktivität und bietet der Initiative eine organisa-
torische Basis.

Was aus den Fusionsverhandlungen herausdringt, kann
nicht glücklich machen. Nach unserem Eindruck soll Stuttgart eher ein Nebenschauplatz des SWR werden, beschränkt
auf das Landesprogramm und die aktuelle Berichterstat-
tung. Auch das Nachtcafé soll, wie die gesamte Fernsehunterhaltung, angeblich nach Baden-Baden umziehen. Etliche
Köpfe aus der SDR-Führungsriege sind für den alsbaldigen
Ruhestand vorgemerkt. Dass in diesem Zusammenhang
auch der amtierende Direktor genannt wird, empfinde ich
in dieser ernsten Situation nur als schwachen Trost. Es geht
schließlich um die Zukunft des Senders, der seit immerhin
rund einem Vierteljahrhundert der Ort meines Schaffens
ist. Nachdem mir nun bereits ein dritter Intendant ins Haus
steht, formuliere ich für mich das Credo: »Intendanten
kommen und gehen – Backes bleibt.«

Wir suchen jetzt das Gespräch mit der Politik, kaum ein

fachlich einschlägig vorbelasteter Abgeordneter bleibt verschont, kein Minister. In launiger Stimmung wird Peter Voß Jahre später bekennen: »Überall, wo ich mich zu Gesprächen mit Politikern einfand, hieß es: ›Herr Backes war schon da.‹« Nicht offenkundig, sondern eher subtil beeinflusst die Medieninitiative die Fusionsverhandlungen: Stuttgart ist jetzt als Sitz der Intendanz unumstritten. Für die Rolle des Fernseh-Chefredakteurs werden nicht mehr auswärtige Namen genannt. Der SDR-Mann Michael Zeiß, einst eines meiner Nachwuchstalente, soll diesen wichtigen Posten bekommen.

Fälschlicherweise hat der »Architekt der Fusion«, Peter Voß, die Stuttgarter Initiative und insbesondere mich als prinzipiellen Gegner der Fusion ausgemacht. Dass ich als langjähriger Angehöriger des Senders die Zukunft mitgestalten will, ist für den designierten ersten Regierenden des SWR eher lästig. Doch die Initiative bleibt am Ball. Ein »Preis der Region«, der uns in unserem Engagement bestätigt, gibt unserer Sache erfrischend zusätzlichen Rückenwind.

Folgenreicher Zufall

»Ich habe leider vorher noch einen anderen Termin.« Wie häufig in den letzten Monaten bin ich mit Bettina Klett von der Wirtschaftsregion zu einer Besprechung verabredet. Aber sie muss zuvor noch bei einer Sitzung der IG Bosch-Areal vorbeischauen. Wenn ich wolle, könne ich ja mitkommen. Die Initiative ringt um die Rettung eines historischen Quartiers, das einst Stammsitz der Firma Bosch war. Allerdings kämpft sie inzwischen auf ziemlich verlorenem Posten. Schon Oberbürgermeister Rommel war dafür, »den Kruscht endlich abzureißen«. Die Initiative dagegen träumt von einem romantischen Künstlerviertel mit Ateliers, Galerien und kleinen Läden. Für die Fonds und Großinvestoren, die sich in dem Areal breitmachen wollen, eine eher lästige Angelegenheit, für Stuttgart aber eine Chance.

Es herrscht nicht gerade Aufbruchstimmung an diesem Abend im Nebenzimmer der »Rosenau« im Stuttgarter Westen, eher Resignation. Doch dann ergreift eine junge Frau das Wort, die Vorsitzende, wie mir meine Nachbarin zuraunt. Ihr Plädoyer gegen die in der Initiative grassierende Endzeitstimmung lässt mich aufhorchen, spricht mich an: Auch des Inhalts wegen, aber beeindruckt bin ich von einer ganz besonderen Mischung, die ich bei ihr wahrnehme, eine Melange aus kompetenter Sachlichkeit, Anmut und Charme. Als meine Begleiterin und ich die Veranstaltung etwas vor dem Ende wieder verlassen, kenne ich nicht einmal den Namen der Vorsitzenden, habe kein Wort mit ihr gewechselt. Eines spüre ich jedoch schon jetzt: Diese Frau wird mir nicht mehr so schnell aus dem Kopf gehen.

Szenenwechsel: Den Namen der Frau, die in der Nachtcafé-Sendung vom 14. November 1997 gerade das Wort ergreift, kennt man. Helga Breuninger. Ihr Vater hat das gehobene Stuttgarter Kaufhaus nach dem Krieg groß gemacht. Sie ist seine Erbin. Nach ihres Vaters letztem Willen sowie auch dem eigenen, hält sie sich allerdings fern vom operativen Geschäft. Ihre Welt ist die der Breuninger-Stiftung, mit der sie leidenschaftlich diverse zukunftsweisende Projekte anstößt. »Abenteuer Selbständigkeit« lautet das Thema der Sendung und Helga Breuninger hat mit ihrer Stiftung etwas Innovatives aufgebaut, unter anderem eine Hilfsorganisation für Arbeitslose, die sich als Gründer eines Start-ups ausprobieren wollen.

Als wir nach der Sendung beim späten Abendessen zusammensitzen, spüre ich: Helga Breuninger lässt sich nicht nur für Unternehmensgründungen begeistern, sie ist offenbar vielseitig interessiert und generell eine Frau der Tat. Inzwischen war ich zu der Ansicht gelangt, dass nicht nur der in Fusion begriffene Sender bürgerschaftliches Engagement braucht, sondern die Stadt Stuttgart als Ganzes. Nach meiner tiefen, in den 30 Jahren, die ich nun schon in Stuttgart lebe, gefestigten Überzeugung bleibt die Stadt weit hinter ihren Möglichkeiten zurück. Sich jetzt für Stuttgart engagieren, vielleicht kann ich Helga Breuninger dafür gewinnen.

Die Adresse »Am Tazzelwurm« gehört nicht gerade zu Stuttgarts Problemzonen. Die Aussicht von Helga Breuningers Penthouse ist bemerkenswert, kein schlechter Ort, um sich über Stuttgarts Potenzial zu unterhalten. Bei unserem

Gespräch in Halbhöhenlage offeriert meine Gastgeberin gleich eine konstruktive Idee: Sie wird zu einem Salon in den Tazzelwurm einladen. Wir beide wählen die Teilnehmer aus, sie die eine Hälfte, ich die andere.

Moment mal, da war doch vor ein paar Monaten diese anmutige und außerordentlich kompetente Vorsitzende der IG Bosch-Areal. Leider kenne ich ihren Namen nicht, geschweige denn ihre Telefonnummer oder Adresse. Ein Anruf bei einem Kollegen in der Lokalredaktion der *Stuttgarter Zeitung* hilft. Ich versuche, sie in ihrer Anwaltskanzlei zu erreichen. Natürlich ist sie nicht da. Ich bitte um Rückruf. Tatsächlich, einen Tag später meldet sie sich. Wortreich und in glühendsten Farben schildere ich ihr unser geplantes, mutmaßlich historisches Treffen bei Helga Breuninger. Als Vorsitzende der IG Bosch-Areal müsse sie da unbedingt dabei sein, versuche ich ihr das Ganze schmackhaft zu machen. Ihre Entgegnung ist höflich: An sie gedacht zu haben, das sei wirklich sehr freundlich. Nur: Bedauerlicherweise sei sie mittlerweile nicht mehr die Vorsitzende der Initiative, sie werde nämlich demnächst aus beruflichen Gründen nach Frankfurt gehen. Aber ich könne mich gerne an ihren Nachfolger wenden, der hätte sicher ein sehr großes Interesse, dabei zu sein. Und nun? Ein weiterer Anlauf: »Wissen Sie, ich habe keine Vorurteile gegen Ihren neuen Vorsitzenden, aber es handelt sich doch eher um eine ›personenbezogene Einladung‹.« Sie werde das intern klären, vielen Dank.

»Was können wir für Stuttgart tun?« Das ist der Leitgedanke für den ersten Salon in Helga Breuningers Wohnzimmer, zu dem sich wenige Wochen später ein Dutzend aktionswilliger Bürgerinnen und Bürger einfindet, einige davon mit Rang und Namen. Nur, wo bleibt sie? Freundlicherweise habe ich ihr einen Platz direkt neben mir reserviert. Na, endlich!

Ich soll, was naheliegend erscheint, den Abend moderieren. Eigentlich ist noch offen, um welche Stuttgart-Themen es gehen soll, aber seltsamerweise konzentriert sich die Diskussion fast ausschließlich auf das Thema »Rettung des Bosch-Areals«. Ein wirklich monothematischer Abend. Kann schon sein, dass es am Moderator gelegen hat.

Ich will mir es zwar zu diesem Zeitpunkt noch nicht eingestehen, aber diese Nichtmehrvorsitzende der IG Bosch-Areal ist damit völlig ungeplant, aber nachhaltig in mein Leben getreten.

Wandel allenthalben

»Wandel«, das ist in den nun kommenden Jahren eine Art
Schlüsselbegriff für mich – Veränderung, privat wie beruflich.

Die Frau, die mir seit dem ersten flüchtigen Zusammentreffen bei der IG Bosch-Areal nicht mehr aus dem Kopf gehen will, ist inzwischen wie ich Mitglied eines neugeschaf-
fenen Kuratoriums, das Helga Breuninger, zusammen mit
mir, dem Generalbevollmächtigten für das Industriequar-
tier überfallartig und beherzt abgerungen hat: Ein Versuch,
das zu retten, was kaum noch zu retten ist. Meine Abteilung
»Journalistische Unterhaltung« wird mittlerweile in einem
Mietshaus aus der Gründerzeit zwischengelagert. Der Plan,
uns nach Baden-Baden zu verlagern, steht latent noch immer im Raum. Da bringe ich ins Gespräch, unsere beständig
wachsende Abteilung doch lieber ins nahe Bosch-Areal zu
verlegen. Tatsächlich greift der Sender zu. Und nicht nur
er, auch die Medien- und Filmgesellschaft Baden-Württemberg, die neugeschaffene Förderinstitution, will nach unserer Vermittlung dort einziehen. Der Rettung des Quartiers
sind wir damit zumindest einen kleinen Schritt nähergekommen.

»Haben Sie schon einmal etwas vom Förderverein Literaturhaus gehört?« Die Frage eben der Frau, die mir nicht
mehr aus dem Kopf gehen will, hat eine klare Zielrich-

tung. Sie will die noch in ihrer Gründungsphase befind-
liche Institution »Literaturhaus Stuttgart« ins Bosch-Areal
holen – für sie als ausgesprochene »Buchfetischistin« eine
Herzensangelegenheit. Der Förderverein für ein Literatur-
und Medienhaus war schon vor Jahren von einer Gruppe
um den Verleger Michael Klett ins Leben gerufen worden.
Doch die Suche nach einem geeigneten Domizil verlief bis
jetzt erfolglos, führte immer wieder ins Leere. Jetzt schlugen
wir das Bosch-Areal vor, genauer sogar das Gebäude, in dem
einst der alte Robert Bosch höchstselbst sein Unternehmen regierte. Erste Gespräche mit dem Investor verliefen
zunächst aussichtsreich, am Ende aber mehr oder weniger
ergebnislos. Alles viel zu teuer, das sprengt bei weitem die
Möglichkeiten des Vereins.

In der Schweiz, wo ich gerade junge Fernsehjournalisten
ausbilde, erreicht mich die betrübliche Nachricht: Der Lite-
raturhausverein wird aufgelöst, ein entsprechender Brief des
amtierenden Vorsitzenden sei schon geschrieben, morgen
werde er an die Mitglieder versandt. Ich bitte meine Schüler um eine kurze Pause, rufe einen der Vorstände an und
schlage ein kurzfristiges Treffen vor, vorzugsweise bevor der
Brief versandt wird, am besten schon morgen Früh in seinem Büro. Der Verein, die Stadt, der Investor, die IG Bosch-
Areal, alle müssen jetzt ins Boot.

Das Treffen bahnt überraschend den Weg: Michael Klett
wird mit dem Oberbürgermeister sprechen, den bitten wir
auch zu unserem nächsten Gespräch dazu; darüber hinaus
auch den Generalbevollmächtigten des Investors. Noch
immer erscheint der Kauf von zwei Stockwerken utopisch.
Schließlich gelingt es mir, mit dem Investor einen deutlichen Preisnachlass zu verhandeln. Michael Klett bewegt
den Oberbürgermeister zu einem stattlichen Zuschuss. Die

verbleibende Summe soll aus privaten Quellen kommen. Aber wie? Mit Helga Breuninger hecken wir den Plan einer symbolischen Literaturhausaktie aus, die jeder nach seinen Möglichkeiten erwerben kann. Die Stuttgarter Zeitungen drucken für uns kostenlose Anzeigen. Viele renommierte Schriftsteller und Schriftstellerinnen künden darin an: »Wenn das Literaturhaus kommt, komme ich auch.« Unternehmen, Verlage und Privatleute aus Stuttgart und der Region greifen tief in die Tasche. Als wir innerhalb weniger Monate das Finanzziel erreicht haben, gilt das Projekt Literaturhaus als Paradebeispiel einer erfolgreichen Public Private Partnership. Mit Florian Höllerer und der Nachfolgerin Stefanie Stegmann gelingt es, für die Leitung des Hauses außerordentlich fähige Leute zu verpflichten. Inzwischen, zwei Jahrzehnte danach, zählt das Stuttgarter Literaturhaus längst zu den führenden in Deutschland. Und wir, die Mitbegründer, sind immer noch mit von der Partie. Und die stellvertretende Vorsitzende, die Frau, die mir nicht mehr aus dem Kopf gehen wollte, ist längst meine Ehefrau.

Aber zurück in die 90er Jahre: Die Verschmelzung von SDR und SWF schreitet mittlerweile voran. Als der Staatsvertrag über die Senderfusion schließlich unterschrieben ist und der SWR Gestalt annimmt, möchte der neue Intendant natürlich erst einmal aufräumen, unter anderem Dinge beseitigen, die ihm ein Dorn im Auge sind. Eher zu den Petitessen gehört dabei eine Angelegenheit, die unmittelbar meine Abteilung betrifft: Das so anspruchsvolle wie erfolgreiche Ratespiel um die Nachfahren berühmter Vorfahren mit dem Titel »Ich trage einen großen Namen« soll einen neuen Moderator bekommen. Bereits seit 1977 ist die SDR-Sendung – man könnte sagen – eine Art »Longseller« im Programm. Nach dem Schweizer Fred Gmür hat 1993 Hansjürgen Rosenbauer die Moderation übernommen. Doch dieser ist »nebenbei« auch noch Intendant des ORB. Der erste Mann eines anderen Senders als Moderator im SWR, das geht wohl nicht, verlautet es aus der Entourage des Intendanten. Aber wenn nicht er, wer dann?

Ulrike Schmid leitet seit Anbeginn die Redaktion der Sendung. Eigentlich ist sie ein gefasster Mensch, als Grande Dame geradezu die Idealbesetzung für dieses gehobene Ratespiel mit vielen erlauchten Gästen. Aber jetzt steht sie erregt und mit hochrotem Kopf vor mir: »Stell Dir vor, wen die Intendanz als Nachfolgemoderator haben will: Hans Heiner Boelte – den gerade ausgemusterten Fernsehdirektor.« Ich plädiere für Gelassenheit: Wir versichern der Intendanz, dass wir grundsätzlich dafür aufgeschlossen sind, weisen aber darauf hin, dass für festangestellte Mitarbeiter des SWR leider keine gesonderte Honorierung der Moderatorentätigkeit vorgesehen ist. Das Angebot wurde vom Betroffenen nicht weiterverfolgt.

»Der nicht, die nicht und bitte der auch nicht«, all unsere eigenen Vorschläge für die Moderatorennachfolge von »Ich trage einen großen Namen« stoßen bei der Senderspitze auf kategorische Ablehnung. Am Ende war vermutlich dann doch der Spardrang ausschlaggebend, denn zu aller Verwunderung wünscht sich die Intendanz als Moderator der Sendung ausgerechnet mich – als hätte ich mit dem inzwischen 14-tägig ausgestrahlten Nachtcafé nicht schon genug zu tun. Dazu kommt auch noch die Abteilungsleitung. Über einen Mangel an Beschäftigung kann ich wirklich nicht klagen …

Die Sendung soll übrigens künftig in einem Studio in Baden-Baden produziert werden. Für eingefleischte SDR-Leute ein kleiner Affront. Immerhin die Redaktion darf in Stuttgart bleiben. Eher aus Senderdisziplin und auch mei-

»Studio 5« in Baden-Baden – 20 Jahre moderierte ich hier
die Ratesendung »Ich trage einen großen Namen«.

ner Redakteurin Ulrike Schmid zuliebe, sage ich schließlich
murrend zu. Als Geste der Großzügigkeit stellt der Sender
dem festangestellten Kandidaten dafür immerhin eine monatliche Zulage von 100 D-Mark in Aussicht.

Der ältere Herr, der mir im Hotelfahrstuhl in Baden-Ba-
den gegenübersteht, kommt mir irgendwie bekannt vor. Die
Glatze, die etwas bäuerlich wirkenden Gesichtszüge. Natür-
lich: Nikita Chruschtschow, der Mann, der als Sowjetherr-
scher einst mitten in einer UNO-Vollversammlung seine
Schuhe auszog, um damit, legendär, den Tisch vor sich wir-
kungsreich zu bearbeiten. Aber der ist doch schon lange …
Nein, ich weiß es natürlich, neben mir steht nicht Nikita
Chruschtschow, sondern sein perfektes Ebenbild, sein Sohn
Sergej, der jetzt schon viele Jahre als Wissenschaftler in den

USA lebt. Von dort haben wir ihn eingeflogen. Als Nachfahre der Kreml-Legende soll er in der Sendung von einem dreiköpfigen Rateteam enttarnt werden. Bei dieser verräterischen Ähnlichkeit wird das wohl eher eine leichte Übung werden.

Was ich damals noch nicht weiß, es werden am Ende rund 400 berühmte Namen sein, mit denen ich mich in über 200 Ausgaben der Ratesendung beschäftigen werde. Wenn ich heute die Liste der Vorfahren, die in Gestalt eines Nachfahren im Fernsehstudio wieder auferstanden, zur Hand nehme, dann liest sich das fast wie ein Almanach der Menschheitsgeschichte, der vom Neandertal bis in die Gegenwart reicht. Unvergessen ist mein erster Gast, Fidel Castros Tochter Alina, die es lange Jahre vorzog, in den USA zu leben, oder der Nachfahre von Abraham Lincoln, der im Outfit seines Urvaters durch die Lande tingelt, oder die Witwe des Sängers Vico Torriani, die den Verblichenen offenbar so sehr verehrt, dass er sich auch noch Jahre nach seinem Ableben persönlich auf dem Anrufbeantworter meldet.

Manchmal bringt uns die Verbindung von Archäologie und Gen-Forschung besonders exotische Kandidaten ins Haus. Die Gebeine des englischen Königs Richard III. waren seit mehr als 500 Jahren verschollen. Der, zumindest laut Shakespeare, grausame Machtmensch wurde 1485 in der Schlacht bei Milford Haven mit einem Kriegsbeil erschlagen. Sein Leichnam ging mit den Zeitläuften bedauerlicherweise verloren. Doch 2012 waren unermüdliche Archäologen in ihren Forschungen so weit gekommen, dass sie das Startsignal zum Graben gaben – und zwar in der mittelenglischen Stadt Leicester auf einem profanen Parkplatz. Und siehe da, ein Jahr später wurde das unbeirrt weitergrabende

Team fündig. Die gesicherten Knochen wurden einer DNA-Analyse unterzogen und tatsächlich: Es waren die Original-Gebeine des Tyrannen, rund 500 Jahre waren sie verschollen. Mit der Erbinformation aus dem Knochenfund wurden jetzt lebende Nachfahren gesucht – ebenfalls erfolgreich.

Und nun sitzt er bei uns in der Sendung, Michael Ibsen, ein in London lebender kanadischer Tischler, ein DNA-geprüfter, veritabler Nachfahre der 17. Generation des bis vor Kurzem verlustig gegangenen Richard. Nein, sagt Ibsen im Gespräch mit mir, ein Problem damit, von einem Monster abzustammen, habe er nicht.

Ähnlich verhält sich die Sache im Fall des amerikanischen Gründungsvaters Thomas Jefferson. Hier belegt die Gen-Forschung einen von den Geschichtsbüchern bis dato weitgehend ausgeklammerten Tatbestand: Jefferson hatte eine seiner Sklavinnen zu seiner heimlichen Geliebten und zur Mutter gemacht. Eine Nachfahrin mit der passenden Erbinformation haben wir nach längeren Bemühungen überzeugen können, in unsere Sendung zu kommen. Zu Recht wird unser Team immer wieder bewundernd gefragt: Wie finden Sie nur all diese großartigen Gäste?

Im Prinzip lassen sich die Nachfahren in drei Gruppen einteilen: zunächst die, die über ihre Herkunft zwar Bescheid wissen, aber ihren eigenen Weg gegangen sind. Dann gibt es die, die aus ihrem großen Namen Kapital schlagen, und die, die niemals aus dem Schatten des Vorfahren herauszutreten vermochten und mehr oder weniger darunter leiden, nicht einfach Herr und Frau Jedermann sein zu dürfen. Psychologisch ist das eine hochspannende Angelegenheit, offenbar nicht nur für den Moderator, sondern auch für das geschätzte Publikum.

Über die in der Sendung zu erratenden Namen bin ich

schon lange im Voraus informiert. Mit einem von der Redaktion zusammengestellten Ordner voller Informationen habe ich mich in die Vita der Vor- und Nachfahren eingelesen. In einem morgendlichen Briefing werde ich jetzt die Rategäste des heutigen Tages auf das Gespräch, das wir nach der Raterunde führen werden, einstimmen.

Im Gegensatz zu mir, ist das dreiköpfige Rateteam noch im Zustand völliger Ahnungslosigkeit. Bar jeglicher verräterischer Hinweise sollen die drei das Studio betreten. Um das zu gewährleisten, werden sie in einem gesonderten Hotel untergebracht und von den anderen Mitwirkenden hermetisch abgeriegelt. In der Sendung freuen sie sich über die Gelegenheit, ihre Bildung unter Beweis zu stellen. Nicht minder fürchten die Rateteam-Mitglieder allerdings die Gefahr, sich durch gravierende Irrtümer lächerlich zu machen. Besonders tückisch wird die Angelegenheit, wenn zum Beispiel ein gewisser Earl of Sandwich erraten werden soll, der Herr, der das nach ihm benannte belegte Vesperbrot erfunden haben soll. Auch die gefürchtete russische Schnellfeuerwaffe des Zweiten Weltkriegs hat einen leibhaftigen Namensgeber, den Ingenieur Michail Kalaschnikow. Er wurde tatsächlich erraten.

In den wechselnden Mitgliedern des Rateteams begegnen mir nicht nur bewundernswert gebildete Menschen, zum Teil lerne ich Persönlichkeiten näher kennen, die ich zuvor nur vom Bildschirm kannte: Einige von ihnen leben leider nicht mehr, zum Beispiel Wilhelm Wieben, der ehemalige Tagesschausprecher, Martin Schulze, ehemals ARD-Chefredakteur, und Roger Willemsen, der vielseitige erfolgreiche Autor, Moderator und Journalist.

Mit Roger Willemsen, dessen hochkarätige Bildung mich immer wieder erblassen lässt, verbindet mich in der Sen-

dung bald eine geradezu rituelle Form freundschaftlicher
Koketterie. Wenn kurz vor Beginn der Aufzeichnung das
Rateteam platziert ist, sorgt er mit seinem Humor schon
einmal für beste Laune beim Publikum. Wenn ich das Studio betrete, ist die Stimmung bereits auf einem Höhepunkt
angekommen: »Meister, es ist angerichtet!« Heikel wird
es für mich, wenn das Rategenie Roger in der Sendung
deutlich mehr über den gesuchten Vorfahren weiß als der
Moderator. So behaupte ich zum Beispiel, Mörike sei ausschließlich Lyriker gewesen, und werde vom Klassenprimus
so prompt wie streng eines Besseren belehrt. Nun gut, einen
einzigen Roman und ein paar Erzählungen hat er auch geschrieben …

Genüsslich zehre ich im Gegenzug davon, wenn Roger
Willemsen bekennen muss, dass er von dem »wirklich sehr
bekannten« Orchesterchef Annunzio Mantovani noch nie
etwas gehört hat. Nach der Sendung wird er den Namen
nicht mehr vergessen. Auch als er nicht weiß, dass ein Herr
de Baekeland einen großen Namen trägt, weil er das nach
ihm benannte Bakelit, den ersten vollsynthetischen Kunst-
stoff, erfunden hat, ist das natürlich ein Skandal. Als Roger
allzu früh mit nur 60 Jahren stirbt, ist das auch für uns ein
einschneidender Verlust. Sowohl unser Team als auch die
Zuschauer trauern sehr um ihn.

Schon nach den ersten Produktionsstaffeln stelle ich fest:
Die Moderation der Sendung mit den großen Namen ist für
mich rasend schnell von der Pflichtübung zur Leidenschaft
mutiert und der Produktionsort Baden-Baden mit seinem
engagierten Produktionsteam entwickelt sich rasch zur ge-
schätzten Zweitheimat. Vorbei die Zeiten, als im Südwestfunk noch die Meinung grassierte, ich sei für den Sender in
Baden-Baden der Staatsfeind Nr. 1.

Natürlich spekulierte ich darauf, dass die Beschäftigung mit den berühmten Vorfahren meine eigene Bildung ebenfalls noch etwas aufpolieren würde. Diese Beweggründe teilen für sich wohl auch die vielen Zuschauer, die uns über lange Jahre zweistellige Marktanteile bescheren und die Sendung zu einer der erfolgreichsten des SWR-Fernsehens gemacht haben. Wie tröstlich, offenbar lassen sich auch mit anspruchsvollen Inhalten größere Zuschauerzahlen erreichen. Nein, die Auffassung, das Publikum bevorzuge das Simple und Flache, teile ich weniger denn je. Und wer anders sollte den Versuch, zum Anspruchsvolleren zu verführen, wagen, wenn nicht wir, die Öffentlich-Rechtlichen: »Damit das Mögliche entsteht, muss immer wieder das Unmögliche versucht werden.« Der Satz stammt von Hermann Hesse. Selbstverständlich war ein Nachfahre des großen Dichters auch schon unser Gast.

Roter Teppich

»Das Geheimnis des Erfolges kennen nur jene, die einmal Misserfolg gehabt haben.« Allzu gerne halte ich mich in der zweiten Hälfte der 90er-Jahre an Sätzen wie diesem fest. Er stammt von Antoine de Saint-Exupéry, der selbst schwere Krisen durchlebt hat, und daher wusste, wovon er sprach.

Nach dem unschönen Ende von »Auf der Couch« ist mein Glaube an die ARD heftig erschüttert. Was nun? Business as usual? Alle zwei Wochen ein Nachtcafé und dreimal im Jahr die Produktion von jeweils sechs Folgen »Ich trage einen großen Namen«.

»Was halten Sie davon, wenn wir das Nachtcafé künftig wöchentlich senden?« Die völlig unerwartete Frage stellt mir Christof Schmid, der Fernsehdirektor des nun fusionierten Senders. Seit ich ihn vor Jahren beim SDR schon einmal als Vorgesetzten hatte, ist er ein Mann, von dem ich viel halte, dem ich vertraue. Und er meint es tatsächlich ernst. Mit einer kurzen Übergangsphase sollen künftig 40 Neusendungen pro Jahr entstehen. Der erstarkte Sender im Südwesten traut sich eine solche Kraftanstrengung offenbar zu. Als ich das höre, wird mir leicht schwindlig.

Jetzt sitze ich dem Direktor gegenüber und soll verhandeln, wie und ob dieses Volumen überhaupt zu bewältigen ist. Außerdem muss geklärt werden, ob ich weiter als festangestellter oder als freier Mitarbeiter tätig sein möchte oder ob ich zu diesem Zweck vielleicht gar eine eigene Produktionsfirma gründen will. Nein, das bitte nicht! Allein die Vorstellung, ich müsste künftig dann nicht nur fürs Toiletten- und fürs Fax-Papier zuständig sein, sondern auch noch Personalverantwortung übernehmen, ist für mich ein Graus. Mit fast 55 Lebensjahren will ich mich jetzt nicht mehr als Kleinunternehmer beweisen. Dann doch lieber freier Mitarbeiter. Als ich meine Honorarvorstellungen nenne, rechne ich mit gelindem Entsetzen. Doch ohne auch nur den Versuch zu unternehmen, den Preis zu drücken, erwidert Schmid ganz entspannt: »Ja, einverstanden!« Rasch schiebe ich nach: »Und eine persönliche Assistenz hätte ich noch gerne«. Auch das findet widerspruchslose Zustimmung. Noch nie in den mehr als zweieinhalb Jahrzehnten meiner Senderzugehörigkeit ist mir Ähnliches widerfahren: Zum ersten Mal in meiner Karriere rollt man mir den roten Teppich aus. Jetzt muss ich es nur noch schaffen, mich völlig selbstsicher darauf zu bewegen.

Mindestens vierzig mal neunzig Minuten stehen in meinem Vertrag, das sind immerhin 3600 Sendeminuten Nachtcafé, doppelt so viele wie bisher, ein Quantensprung. Noch ahne ich nur, was das für mich bedeutet. Die Qualität der Sendung zu halten oder gar noch zu steigern, das wird in dieser raschen Abfolge nicht die leichteste Übung. Funktionieren kann das Ganze, dessen bin ich mir bewusst, nur mit einer gut durchdachten, ausgefeilten Redaktionslogistik. Zum Glück habe ich ein exzellentes Team.

Auf einer Wochenendklausur im Schlosshotel Monrepos in Ludwigsburg sollen wenige Wochen vor dem Start Nägel mit Köpfen gemacht werden. Die Leitung habe – das muss ich jetzt erst mal lernen – nicht mehr ich, sondern die von mir selbst ausgesuchte neue Abteilungsleiterin Sylvia

Storz. Ich bin jetzt »nur noch« freier Mitarbeiter. Von »frei« kann aber bei dem, was jetzt auf mich zurollt, nicht die Rede sein. Später werde ich in diesem Zusammenhang von »freiwilliger Selbstversklavung« sprechen. Für jeden Tag der Woche gibt es jetzt einen exakten Plan, was ich wann zu tun habe: Themenbesprechung, Recherchetelefonate, Zwischenbesprechung, Vorgespräche mit den potenziellen Gästen, Endbesprechung, Moderation schreiben, Sendung. Und dann, ohne Pause, dasselbe wieder von vorn. Nach dem Spiel ist vor dem Spiel. Ich fühle mich wie ein Gärtner, der den Wochenmarkt mit seinem Kopfsalat beliefert. In meinem Gewächshaus stehen Salatköpfe in vier verschiedenen Wachstumsstadien. Damit sie gedeihen, bedürfen sie alle intensiver Zuwendung.

Wir wollen auch weiterhin keine Massenware produzieren, sondern Sendungen, die unserer selbst gesteckten Messlatte genügen. In den 14 Jahren, die das Nachtcafé nun besteht, ist es uns bisher immerhin gelungen, einen Ruf aufzubauen, für den wir uns nicht gerade genieren müssen. In der Wochenzeitung *Die Zeit* wurde ich gar zum »ungekrönten König des Niveautalks« geadelt, eine gern zitierte Formulierung, bei der ich heute noch immer leicht erröte. Die *Welt* ernennt mich zum »sanften Polarisator mit Tiefgang« und die *Stuttgarter Zeitung* schreibt: »Der Talkmaster ist ein distinguierter Mensch. Seine stärkste Gefühlsregung während der Sendung ist die leichter Verwunderung, wenn er mit seiner Fragekunst einem Gast dazu verholfen hat, erstmals zum Ausdruck zu bringen, was er selbst bisher nur dunkel ahnte.« Das alles schmeichelt natürlich. Auch die Zuschauer sparen nicht mit Zuwendung. Ein Elternpaar schreibt mir gar, sie hätten ihren neugeborenen Sohn nach mir auf den Namen Wieland getauft. Jetzt ist Bodenhaftung gefragt. Und gute Arbeit.

Immerhin, ich muss keine großen Reisen unternehmen. Dafür kenne ich zwischen Stuttgart und Ludwigsburg bald jeden Baum am Straßenrand. Ab 2001 erlebt das Nachtcafé einen richtiggehenden Höhenflug. Die Hauptursache liegt dabei im wöchentlichen Senderhythmus. Immer mehr Zuschauerinnen und Zuschauer machen den Freitagabend notorisch zum Nachtcafé-Abend. Unsere absoluten Zuschauerzahlen wachsen um durchschnittlich zwanzig Prozent. Immer häufiger begegnen mir Zuschauer, die berichten, in ihrer Familie ziehe sich die Vorliebe fürs Nachtcafé jetzt schon durch die Generationen: Großmutter, Mutter und Tochter vor dem Bildschirm vereint. Zwei Drittel der Nachtcafé-Zuschauer sind Frauen.

»Worauf es im Leben ankommt«, »Was die Liebe vermag«, »Liebe macht blind.«, »Hochzeit in Weiß, Alltag in Grau?«, »Machen Kinder glücklich?«, »Familie, Nest oder Pest?«, »Krisenherd Familie«, »Erfolgsgeheimnisse«, »Endlich über 50«, »Arbeiten wir uns zu Tode?«, »Wie gelingt Trennung?«, »Zittern vor dem Alter«, »Bloß nicht ins Krankenhaus!«, »Brauchen wir Gott?«, »Es ist nie zu spät!«, »Horror Demenz«, »In Würde sterben«. Wie ein Parforceritt durch das Leben liest sich diese kleine, aber typische Auswahl von Nachtcafé-Themen der letzten Jahre. Oft habe ich mich gefragt, ob die tagtägliche Beschäftigung mit solchem Stoff so ganz spurlos an einem vorüberrauscht. Dort der Beruf, hier das Leben – zwei getrennte Sphären? Mit der Distanz einiger Jahre bin ich mir heute sicher: Die Sache war folgenreich. »Nichts Menschliches ist mir fremd«, könnte ich bilanzieren.

Zu unterscheiden, was wirklich zählt und auf was ich in meinem Erdendasein eher verzichten kann. Ich bin mir sicher: Es gibt ein Leben vor dem Tod. Und daraus sollte ich das Beste machen, für die, die ich liebe und die mir nahestehen, für die Gesellschaft im Allgemeinen und, nicht zuletzt, für mich selbst. Allzu rasch kann ein Leben in der Medienwelt dazu führen, dass man sich nur noch um die eigene Achse dreht. Ein Dasein im medialen Elfenbeinturm ist auf eine sehr spezielle Weise besonders gefährlich. Was für ein Glück, beruflich wie privat starke Gegenüber zu haben!

Wer sich so viele Jahre mit dem Nachtcafé beschäftigt, bewegt sich nicht nur unter Berühmtheiten, Stars und Sternchen, sondern auch unter ganz normalen Menschen, die vor allem eines mitbringen: Ihre persönliche Lebensgeschichte. Und was unsere Zuschauerinnen und Zuschauer daran interessiert, geht auch an uns Machern nicht vorbei.

Meine Frau sagt: »Du lebst mit Deiner Sendung.« Kaum ein gemeinsames Abendessen vergeht, ohne dass auch zu Hause über das aktuelle Nachtcafé-Thema und die eingeladenen Gäste gesprochen wird. Dreht sich das nächste Nachtcafé um Karriere, reden wir über Karriere, heißt das Thema »Angst vor dem Alter?«, packt mich schon mal das Grausen, und wenn es um Eifersucht geht, rührt sich bei mir zuverlässig eine einschlägige Empfindung. So – oder so ähnlich – funktioniert das wohl auch bei unserem Nachtcafé-Publikum.

Die Geburtenraten in Deutschland erreichen in den ersten Jahren nach der Jahrtausendwende einen Tiefpunkt. »Deutschland überaltert«, »Die Nation stirbt aus«, lautet die wenig ermunternde Prognose der Demographen. Seit dem historischen »Pillenknick« Mitte der 60er Jahre ging es praktisch nur bergab. Keine Frage, dass sich das Nachtcafé dieses Themas besorgt und gleich mehrfach annimmt, ohne damit allerdings einen erkennbaren Einfluss auf den Verlauf der Bevölkerungskurve zu erzielen. Beharrlich bleiben wir am

Ball. »Deutschland ohne Kinder« heißt jetzt das Nachtcafé-Thema, das eine hitzige Diskussion auslöst, nicht nur vor den Kameras im Schloss, nicht nur bei unseren Zuschauerinnen und Zuschauern vor dem Bildschirm, sondern auch beim heimischen Abendessen. Kinder, ja oder nein? Je länger die Debatte geht, desto mehr verdichtet sich bei mir der Eindruck, dass sich bei meinem Gegenüber eine Sehnsucht rührt. Sie scheint auf beunruhigende Weise konkret zu sein.

Mit 58 noch einmal Vater

»Ich dachte, das wäre unser gemeinsamer Wunsch.« Es war eine Aussage, in der sich deutlich spürbar der Keim einer großen Enttäuschung verbarg. Nein, ernsthaft hatte ich mir bis dato kaum Gedanken darüber gemacht. Ich verstand, dass sich bei einer engagiert berufstätigen Frau, kurz bevor es zu spät ist, der Wunsch nach einem Kind rührt. Doch meine Zeit als Vater von zwei kleinen Kindern lag bereits Jahre hinter mir, sie war zwar beglückend, aber eine Neuauflage dieser Lebensphase war mir bis dato nicht zwingend in den Sinn gekommen.

Es flossen keine Tränen. Zwar gingen mir die Geschichten aus dem Nachtcafé und andere, die mir zu Ohren gekommen waren, wie Warnsignale durch den Kopf: Kinder die dauernd erklären müssen, dass der Mann, der mit im Sandkasten hockt, nicht der Großvater ist; Kinder, für die der alterskranke Vater kein ernstzunehmendes Gegenüber mehr darstellt. Entsetzlich!

Doch am Ende siegte das Gefühl – ein eindeutiges. Mir wurde klar: Ein dauerhaftes Glück wird sich nur einstellen, wenn der Kinderwunsch von uns beiden getragen wird. Wer das Abenteuer einer Beziehung mit einer 17 Jahre jüngeren Frau eingeht, sollte sich bewusst sein, es kommt damit nicht nur eine andere Generation ins Haus, sondern auch eine jüngere Lebensperspektive.

»Ich habe es gesehen, es ist schon ein Pünktchen.« Die Stimme am anderen Ende der Leitung übermittelt nicht nur den Befund der soeben erfolgten Ultraschalluntersuchung. Das überbordende Glücksgefühl strömte mir am Telefon förmlich entgegen: Mit 40 Jahren ist meine Partnerin guter Hoffnung und auf dem Weg zur Mutterschaft. Wenn Pünktchen geboren wird, werde ich nahezu 58 Jahre alt sein.

Als der Tag der Niederkunft naht, gebe ich mich betont gelassen. Alles schon erlebt, damals im November 81 und im März 85. Der Vater bei der Geburt dabei, das war auch damals schon üblich, »Rooming in« – längst gängige Praxis. Der Geburtstermin steht fest: Der 14. Juli soll es werden, kein geringeres Datum als der Jahrestag des Sturms auf die Bastille, ein bisschen Freiheitssymbolik kann nicht schaden. Das Kind soll nämlich wegen seiner beharrlichen Steißlage im Mutterleib per Kaiserschnitt das Licht der Welt erblicken. Chefarzt und Eltern sind sich da einig.

Am Abend des Vortages fahre ich meine kostbare Last in die Klinik, verabschiede mich spät – so innig wie müde. Am nächsten Morgen werde ich mich rechtzeitig vor dem Eingriff wieder einfinden. Als ich zu Hause eintreffe, empfängt mich ein klingelndes Telefon. Das Baby will schon dringend geboren werden. Der Kaiserschnitt muss jetzt sofort vorgenommen werden – mitten in der Nacht. Unter Vernachlässigung der Straßenverkehrsordnung eile ich erneut in die Klinik, jetzt deutlich weniger gelassen. Es ist nach drei Uhr morgens. Als ich, steril gewandet, im Operationssaal auftauche, ist der Eingriff bereits in Gang. Mangels Bewegungsfreiheit der Mutter, bekomme ich das kleine Mädchen als Erster gereicht. Wenn das keine starke Bindung wird!

Mit der Ruhe ist es erst einmal vorbei – zugegeben, sie

war auch zuvor nicht allzu ausgeprägt. Unsere Wohnung liegt unmittelbar an der legendären Stuttgarter Zahnradbahn. Wenn »die Zacke« morgens zwischen 5 und 6 Uhr aus ihrem Depot rollt, lässt sie zum ersten Mal am Tag die Gläser in der Vitrine klirren; dieses Phänomen wiederholt sich im 20-Minutentakt und hört vor 22 Uhr nicht wieder auf. Der Reiz, unmittelbar an der Strecke dieses Stuttgarter Kleinods zu leben, ist relativ.

Und jetzt auch noch Babygeschrei. Dabei arbeitet der Moderator regelmäßig an zwei Wochentagen am heimischen Schreibtisch – eigentlich der Ruhe wegen. Immerhin, der Geburtstermin war umsichtig gewählt, zu Beginn der sechswöchigen Sommerpause. Die Devise: Bis zum Ende der sendungsfreien Zeit muss das Kind nachts durchschlafen. Unter väterlicher Mitwirkung wird das ehrgeizige Ziel erreicht: Ab Mitte September herrscht Nachtruhe.

Ohne Zweifel, der Vater als solcher erlebt Anfang der 2000er Jahre einen spürbaren Bedeutungsgewinn. Väter mit Kinderwagen sind keine Seltenheit mehr – ältere Väter mit Kinderwagen allerdings schon. Ich gebe offen zu: Als ich zum ersten Mal alleine mit Kind unterwegs war, da schwang bei mir schon auch ein Gefühl der Peinlichkeit mit. Jetzt nur keinem Bekannten begegnen oder gar einem Zuschauer, schlimmer noch, einer Zuschauerin. Auch mit dem Babyphon auf dem Tisch im Hotelrestaurant zu sitzen, hat nur bedingt seinen Reiz – insbesondere, wenn das überwachte Objekt sich lauthals meldet.

Ich muss an dieser Stelle einflechten: In der Ausübung anspruchsvollerer manueller Tätigkeiten zähle ich nicht gerade zu den Geschicktesten. Dazu gehören unter anderem auch Fertigkeiten, die beim Hüten von Kindern gefragt sind.

An einem Abend im Herbst drückt mir meine Frau vor

dem Stuttgarter Literaturhaus den Maxi-Cosi samt Tochter in die Hände. Heute Abend tagt der Literaturhausvorstand, dem sie angehört. Dass ich für ein paar Stunden den Kinderdienst übernehme, kein Problem – eigentlich. Bereits beim Losfahren beginnt meine Tochter zu schreien, und das hält die ganze Heimfahrt an. Auch bei der Ankunft in unserer Wohnung ist keine Tendenz zum Abklingen feststellbar. Keine Frage, sie hat Hunger. Jetzt will der Vater sich erst recht als souveräner Krisenmanager bewähren: Den Maxi-Cosi stelle ich samt Kind auf einen Stuhl, rasch das Fläschchen zubereiten und dann: Ein gellender Schrei und lautes Gebrüll. Die Situation, die ich sofort erfasse: Das Kind ist mit dem Kopf voraus aus der Sitzschale aus fast einem Meter Höhe auf den Steinboden geknallt. Nein, das ist nicht wirklich geschehen, bitte nein, Film auf Anfang! Als der Notarzt eintrifft, findet er ein noch immer schreiendes Kind vor und einen am ganzen Leib zitternden, völlig derangierten Vater. Und natürlich geht die Mutter nicht ans Handy. Die Buchhandlung im Literaturhaus ist jetzt noch geöffnet. Zum Glück erreiche ich dort noch jemanden. In der Notaufnahme der Kinderklinik ist man auf das Schlimmste vorbereitet. Jetzt trifft auch meine Frau ein. In Windeseile ist sie die gesamte Strecke vom Literaturhaus hierher gerannt. Instinktiv spürt sie sofort, was bald auch die Ärzte sagen: Vermutlich ist nichts Schlimmes passiert. Sicherheitshalber sollen Mutter und Kind zwei Tage hierbleiben. Allmählich schalte jetzt auch ich wieder auf Normalpuls.

Dass ich vergessen hatte, die Gurte am Maxi-Cosi wieder zu schließen, mein jüngstes Kind hat es mir nie nachgetragen. Im Gegenteil, zuweilen bekam ich danach auch das Gefühl, sie sei stolz auf ihren alten Vater: »Ist es schön mit dem Opa im Sandkasten?«, fragt eine Passantin im Vorüber-

Drei geliebte Kinder bei der Feier meines
60. Geburtstages.

gehen. In der Antwort meiner Tochter schwingt Empörung
mit: »Aber das ist doch mein Papa!«

Ein reines Einzelkind bleibt die Kleine nicht. Bald schon
begreifen sich meine drei Kinder als Geschwister, mögen
und besuchen einander, verreisen auch mal zusammen.
Manchmal ist sogar der Vater mit von der Partie. Und die
Kinder öffnen bei dieser Gelegenheit dem Alten den Blick
in eine andere, in ihre Welt.

Die Großen leben längst ein globalisiertes Leben, nach
verschiedenen Auslandsaufenthalten landen 2005 zufällig
beide zur gleichen Zeit in Australien. Die Tochter in Darwin, im tropischen Norden. Für ein Jahr betreut sie dort in
einem Internat Aborigine-Kinder. Den Sohn hat ein Stipendium in den gemäßigten Süden geführt, an die Universität
von Melbourne.

Diese Gelegenheit will ich mir nicht entgehen lassen und die Kinder auch nicht. Die Mutter mit Kleinkind erteilt mir großzügig für drei Wochen Dispens. Als ich in Darwin eintreffe, empfängt mich meine Tochter mit einem liebevoll zusammengestellten Programm zwischen Dschungel und Wüste, zwischen Meer und Gebirge, zwischen Kängurus und Krokodilen. Aus dem Süden reist mein Sohn an. Es folgen Tage, die mir nicht nur die intensivsten Naturerlebnisse meines Lebens bescheren, sondern auch Stunden großer Innigkeit. Mitten in der Nacht brechen wir auf, fahren Hunderte von Meilen, um im Morgengrauen an einem einmaligen Naturereignis teilzuhaben: Dem Erwachen der Tierwelt in einer weitverzweigten Fluss- und Sumpflandschaft. Gerade erreichen wir noch das Boot, das uns so nah wie nie in ein Szenario mit unzähligen Wasservögeln führt – und mit einer stattlichen Anzahl angsteinflößender Krokodile. Wir sind fasziniert. Nur beim anschließenden Picknick will nicht so recht eine entspannte Stimmung aufkommen, könnte doch hinter dem nächsten Busch eine jener Bestien liegen, die wir gerade, durch Sicherheitsglas getrennt, betrachtet haben. Und dass meine Kinder ausgerechnet jetzt von einschlägigen Zeitungsberichten mit tödlichem Ausgang erzählen, kann ich nur aus heutiger Distanz als wohligen Thrill bezeichnen.

Der Vater soll endlich auch mal etwas von der Welt sehen. So wenig Länder und Kontinente wie ich, der Landmensch und Provinzler, bis jetzt im Vergleich zu ihnen besucht hätte, da könne ich eigentlich heute nicht mehr so richtig mitreden. Beschwichtigend führe ich noch rasch an, dass bekanntlich auch Immanuel Kant nie aus Königsberg hinausgekommen sei. Ich weiß nicht sicher, wie sie meine damalige Reaktion eingeordnet haben – vermutlich irgendwo zwischen lächerlich und anmaßend.

Mein Sohn muss zurück nach Melbourne. Wenige Tage später reise ich ihm hinterher und erkunde mit ihm den Süden. In unserem Hotel in Sydney klingelt spätnachts das Telefon. Es dauert, bis ich einigermaßen bei Bewusstsein bin. »Um was geht es denn? Hier ist es vier Uhr morgens!« Meine Frau versucht mir die Nachricht nahezubringen, dass gerade eben in unserem Garten ein Baum umgestürzt sei, ein Glück, dass das Kind nicht gerade dort platziert war … Was Sie jetzt machen solle? »Warten bis ich wieder da bin«, sage ich lapidar und erkenne im selben Augenblick, dass das Leben auf der Nordhalbkugel mit all seinen Herausforderungen offensichtlich auch in meiner Abwesenheit weitergeht.

Öffentlicher Mensch

»Ich bin berühmt, aber es hat sich noch nicht herumgesprochen.« Dieser Satz des Wiener Literaten Karl Kraus beschrieb anno 1975 recht präzise den Status meines Bekanntheitsgrades. Als Fernsehmensch erkannt und angesprochen zu werden, war für mich damals, als ich gerade zum Moderator gekürt worden war, eher ein seltenes und deshalb fast immer freudiges Ereignis, insbesondere, wenn das Gegenüber mit anerkennenden Worten nicht geizte. Mit der Zeit und der Häufigkeit meines Auftretens in den Wohnzimmern der Fernsehgemeinde änderte sich das. Schritt für Schritt wurde ich zum öffentlichen Menschen. Wenn freitagabends das Nachtcafé über die Bildschirme lief, war der samstägliche Besorgungsgang in die Stadt nicht mehr ohne eine dichte Abfolge von Zuschauerkommentaren zu absolvieren. »Gestern hatten sie es wieder schwer.«, »Wie Sie immer diese interessanten Gäste finden!«, »Wunderbar, wie Sie das machen!« In der Summe waren diese Begegnungen mit meinen Zuschauerinnen und Zuschauern meistens erfreulich und angenehm. Ohne sie gäbe es die Sendung nicht, das sollte einer wie ich nie vergessen.

Aber der Zuschauer als solcher interessiert sich eben nicht nur für die Sendung, sondern auch dafür, ob ich auch privat ordentlich angezogen bin, mit welcher Frau ich da im Restaurant sitze und ob der Inhalt meines Einkaufswagens auf eine Neigung zur Völlerei schließen lässt. Wehe, ich würde mal in der Nase bohren. Außerdem hat mein Publikum ein sicheres Gespür dafür, den Herrn vom Fernsehen vorzugsweise ausgerechnet dann anzusprechen, wenn er in größter Eile ist – aber vielleicht ist er das ja immer. Das krasseste Beispiel von Zuschauerovation durfte ich auf einer einsamen Landstraße im Schwäbischen Wald erleben. Auf der Gegenspur kommt mir ein Lieferwagen entgegen. Wenig später taucht dasselbe Fahrzeug dicht hinter mir im Rückspiegel auf, wild lichthupend. Der Wagen überholt mich, stoppt mich geradezu nach Polizeimanier. Der Fahrer tritt atemlos an die Seitenscheibe meines Autos und fragt: »Sind Sie's? Ich wollte nur sagen, Ihre Sendung gefällt mir.« Er wendet und ist schon wieder weg.

Natürlich opfert man in diesem Beruf ein Stück Privatheit. Ob Berlin, Rom oder Stuttgart-Heslach, das Gefühl, unter Dauerbeobachtung zu stehen, ist allgegenwärtig. Ich hadere aber nicht damit, es gehört einfach dazu. Vorzugsweise halte ich mich in diesem Zusammenhang an ein entwaffnend ehrliches Wort des Showmasters Wim Thoelke: »Für einen Prominenten gibt es nur eines, das schlimmer ist, als auf der Straße erkannt zu werden – nämlich nicht erkannt zu werden.« Die Sache hat die Qualität einer Droge.

Stalking

»Mein lieber Schatz, ich lieb Dich von ganzem Herzen. Ich wünsche mir so sehr, dass wir endlich zusammenkommen.« Es ist nicht gerade ein alltäglicher Brief, den ich im Juli 2012 in meiner Post vorfinde. Ein leichtes Schmunzeln, gepaart mit einem Anflug von Eitelkeit kann ich nicht unterdrücken, einen reiferen Herrn mit 66 erreichen solche Bekenntnisse schließlich nicht alle Tage. Was ich zu diesem Zeitpunkt noch nicht ahne, es wird bei weitem nicht der einzige Brief dieser Absenderin bleiben – und es bleibt auch nicht nur bei Briefen.

»Stalking« – das Nachstellen, Verfolgtwerden durch Menschen, die der Betroffene meist gar nicht kennt, hat in der Mediengesellschaft Konjunktur. Die Liste prominenter Stalking-Opfer ist lang, sie reicht von Robbie Williams, Madonna, Veronica Ferres und Jil Sander bis zu John Lennon, dessen Fall bekanntermaßen tödlich endete. Dass ich aber selbst einmal zum Objekt einer Obsession werden könnte, das überstieg meine Vorstellungskraft.

Es begann ganz harmlos mit Briefen: einer, zwei, drei, dann vier pro Woche. Beate K., wie ich sie vorsichtshalber hier nenne, wiederholt darin gebetsmühlenartig, dass sie Großes mit mir vorhat: Sie sei Künstlerin und wird mit mir, ihrem »geliebten Wiele-Schatz«, jetzt die SWR-Künstlergemeinde ins Leben rufen: Wir beide kreativ und erotisch vereint. Als Beigabe liegt in einem Brief ein geflochtenes »Liebesband«, in einem anderen ein Größenmuster für die Fertigung eines Eheringes. Wenig später tragen die Briefe bereits den Doppelnamen Beate K.-Backes als Absender. Sie sieht mich jetzt bereits als ihren Ehemann. Warum nur weiß ich nichts davon?

Nach wenigen Wochen wird Sie ungeduldig, ruft fortgesetzt in der Redaktion an, wird aufsässig, weil sie nicht durchgestellt wird. Sie versucht Einlass in unsere Redaktionsräume im Bosch-Areal zu ertrotzen. Sie schreibt an den Intendanten, der gefälligst ihre und meine »SWR-Künstlergemeinde« kraft seines Amtes unterstützen soll. Und dann geht es weiter: Sie freut sich auf unsere gemeinsamen zärtlichen Stunden und – sie will ein Kind von mir. Außerdem handle sie als Auserwählte in göttlichem Auftrag. Ich hatte es ja schon immer befürchtet, eines Tages würde sich meine Glaubensferne rächen.

Meine umsichtige Assistentin Petra Sziede sagt: »Das können wir doch nicht einfach so weiterlaufen lassen.« Um jeglichen direkten Kontakt mit mir zu vermeiden, ist meine Chefin vom Dienst Susanne Baumeister bereit, einen Brief an Beate K. zu richten, eine dringende Aufforderung, die Versuche der Kontaktaufnahme einzustellen. Der Effekt ist das Gegenteil. Die Frau schreibt zurück: »Ich glaube, Sie wissen nicht, wer ich bin! Unsere Freundschaft geht Sie nichts an.«

Die sympathischen Polizeibeamten, die wir schließlich rufen und die gerne in mein Büro gekommen sind, haben mir Merkblätter zum Thema »Stalking« mitgebracht. Darin lese ich: »Das Ziel eines Stalkers ist es, Macht und Kontrolle über sein Opfer zu erlangen. Manche wollen sich rächen, andere handeln im Liebeswahn. Dabei besteht auch immer die Gefahr körperlicher und sexueller Angriffe.« Na, das sind ja schöne Aussichten! Immerhin, seit 2007 gibt es den neuen Paragraphen 238 im Strafgesetzbuch, der den Schutz der Stalking-Opfer verbessern soll. Die freundlichen Beamten nehmen meinen Fall zu Protokoll, machen mir aber ansonsten wenig Hoffnung. Eine von ihnen veranlasste »Gefährderansprache« durch die Polizei verpufft wirkungslos. Das sei eine Privatangelegenheit, in die sich niemand einzumischen habe, erklärt die vorschriftsmäßig in ihrem Wohnort angesprochene Beate K. Im Merkblatt, das die Polizisten in meinem Büro hinterlassen haben, steht als erster Ratschlag: »Versuchen Sie, Ruhe zu bewahren.«

Irgendwie hat die liebeswütige Stalkerin inzwischen meine Wohnadresse, allerdings meine ehemalige, herausgefunden und steht bei meiner früheren Frau vor der Haustür. Als sie abgewiesen wird, harrt sie stundenlang am Gartentor aus. Sie will auf mein Eintreffen warten. Wenige Tage später platziert sie eines ihrer Kunstwerke im dortigen Garten. Bis die herbeigerufene Polizeistreife eintrifft, ist sie längst entschwunden.

Weder mir noch meinen Kollegen will es so richtig gelingen, die Sache auf die leichte Schulter zu nehmen. Irgendwie scheint mir dieses gespensterhafte Gegenüber unberechenbar zu sein, unberechenbar und auch angsteinflößend. Dabei gilt meine Sorge weniger mir selbst als vielmehr meinen Angehörigen, meinen Kolleginnen und Kollegen. Als wir pflichtgemäß unsere Vorgesetzten informieren, wird auch mein Sender tätig: Im Auftrag des SWR erwirken Anwälte eine einstweilige Verfügung, ein Verbot zur Kontaktaufnahme unter Androhung einer Ordnungsstrafe von bis zu 250 000 Euro, ersatzweise Ordnungshaft.

Die Folge: Beate K. verteilt jetzt in Ludwigsburger Briefkästen Spendenaufrufe für die »SWR-Künstlergemeinde Beate K. – Wieland Backes«. Irritierte Zuschauer lesen meinen Namen auf dem Flugblatt und schicken mir Exemplare davon zu. An der Hochschule der Medien, wo ich Nachwuchsmoderatoren ausbilde, belästigt sie telefonisch und auch durch persönliches Auftauchen die dortigen Kollegen. Am Schloss Favorite, im Stuttgarter Literaturhaus, bei einer von mir moderierten Veranstaltung im Landesmuseum, an immer mehr Orten wird sie jetzt gesichtet. Wo ihr jemand entgegentritt, wehrt sie sich vehement. In ihren Briefen hat sie mir gelegentlich auch Bilder von sich zukommen lassen. Vorsorglich verteilen wir Kopien davon an unsere Teammitglieder. Noch immer erscheint sie mir wie ein Gespenst, das mich unsichtbar umkreist. Eineinhalb Jahre nach dem ersten Brief stand ich ihr noch kein einziges Mal direkt gegenüber.

Die Stellprobe für die abendliche Nachtcafé-Aufzeichnung folgt einem ewig gleichen Muster. Nachmittags um vier trifft sich das Team am Set im Lustschloss. Der Regisseur geht jetzt mit dem Team erst einmal alle Punkte im Sendungsablauf durch: Auftritt, Bargespräch, Vorstellung der Gäste … Ich setze mich schon mal auf meinen Moderatorenplatz, sage freundlich »Hallo« und lasse meinen Blick in die Runde schweifen. Da entdecke ich plötzlich mitten unter den Teammitgliedern ein Gesicht, das hier nicht hergehört. Ohne Zweifel: Die Stalkerin.

Bevor ich mich auch nur irgendwie artikulieren kann, entschwindet die Gestalt durch den Hintereingang wieselflink in den Schlosspark. Der Aufnahmeleiter schreitet sofort zur Tat und ruft die Polizei. Kollegen versuchen, die Flüchtige dingfest zu machen. Als die Polizei endlich am Set auftaucht, werden meine Kollegen von den Ordnungshütern schwer gerügt: Wenn sie diese Frau weiter festhielten, so die dieses Mal weniger freundlichen Beamten, erfülle das den Tatbestand der Freiheitsberaubung.

Für Martin Müller, der seit einiger Zeit die Journalistische Unterhaltung leitet, wird die Sache allmählich zu unberechenbar. Gemeinsam mit der Produktionsleitung legt er fest: Unser Moderator bekommt jetzt am Set einen Bodyguard. Zugegeben, ich wollte es weit bringen in der Fernsehlandschaft – aber so weit dann eigentlich doch nicht.

Wegen Verstoßes gegen den Gewaltschutzbeschluss in der einstweiligen Verfügung erhebt die Staatsanwaltschaft im September 2013 Anklage. Das Ermittlungsverfahren läuft, doch der Spuk geht in gewohnter Weise weiter. Plötzlich, Anfang 2014, bleiben die Briefe aus, auch am Schloss taucht sie nicht mehr auf. Die Kommunikation mit den Strafverfolgungsbehörden lässt zu wünschen übrig. Erst durch die Ladung zu einem Verhandlungstermin am Stuttgarter Amtsgericht erfahren wir: Beate K. ist inzwischen in Haft.

Es sind nur wenige Meter, die mich von ihr trennen, als ich als Zeuge am 7. August 2014 mit der Angeklagten im Sitzungssaal 3 des Stuttgarter Amtsgerichts erstmals zusammentreffe. Sie ist um die 40 Jahre alt, wirkt mitgenommen. Sie schweigt, scheut jeden Blickkontakt mit mir. Sofort gewinne ich den Eindruck, hier einen psychisch schwerkranken Menschen vor mir zu haben. Für den Gutachter ist der Befund eindeutig: Eine schwere psychotische Störung hat Beate K. fest im Griff. Ihr wahnhaftes Verhalten deutet auf eine Schizophrenie hin. Sie fühlt sich als Prophetin auserwählt und ist ohne jegliches Schuldbewusstsein. Die Staatsanwältin schließt daraus: Dieser Mensch ist nicht schuldfähig, eine Verurteilung kommt nicht in Betracht. Da keine Gewalttaten vorliegen, scheidet auch eine Zwangseinweisung in eine psychiatrische Einrichtung aus. Das Verfahren wird kurzerhand eingestellt.

Zu dem Gerichtstermin wurde Beate K. noch in Handschellen von einem Fahrzeug aus der Vollzugsanstalt Schwäbisch Gmünd vorgefahren, jetzt sagt ihr das Gericht: »Sie sind ab sofort ein freier Mensch.« Sie greift nach ihrer Plastiktüte mit ein paar Habseligkeiten und geht in die Freiheit – ja, in welche Freiheit eigentlich? Ich kann mein Mitgefühl mit ihr nicht unterdrücken und denke: »Vielleicht zählt das Erlebte auch zu den typischen Phänomenen des Medienzeitalters, sozusagen zu seinen Kollateralschäden.«

Die Hoffnung auf ein Ende des Falles Beate K. verfliegt schon bald: Wenige Tage nach dem Gerichtstermin erreichen mich schon wieder Briefe von ihr. Erst als am 14. Dezember mein letztes Nachtcafé über den Bildschirm gelaufen ist, endet die einseitige Korrespondenz – abrupt und dauerhaft.

Das Nachtcafé und der liebe Gott

Beate K., die Stalkerin, glaubte in ihrem Wahn, den lieben Gott auf ihrer Seite zu haben. Wenn wir uns die Einschaltquoten der Nachtcafé-Sendungen anschauen, die sich mit Glaube und Religion beschäftigen, könnten wir das beinahe ebenfalls behaupten.

Die Zahl der Kirchenaustritte in Deutschland macht den christlichen Religionsgemeinschaften bekanntlich seit Jahren wenig Freude. Zum Zeitpunkt, da diese Zeilen zu Papier gebracht werden, haben die Abgänge pro Jahr gerade einen historischen Höchststand erreicht. Nimmt man Protestanten und Katholiken zusammen, so handelt es sich um rund eine halbe Million. Der Klerus klagt über meist leere Gotteshäuser – von Weihnachten einmal abgesehen.

Das Nachtcafé dagegen hat in diesem Zusammenhang keinen Grund zu klagen: Wann immer wir uns in der Sendung den Themen Religion und Glauben stellen, ist »unsere Kirche« voll. Marktanteile von 15 Prozent und mehr sprechen eine deutliche Sprache. Aber warum entscheidet sich unsere Kundschaft so? Das Virus der Verweltlichung hat doch sicher auch vor der Nachtcafé-Gemeinde nicht Halt gemacht. Auf keinen Fall liegt unser Quotenerfolg an der Tatsache, dass der seit 2003 amtierende Fernsehdirektor des SWR in Personalunion auch die Rolle des ARD-Koordinators für kirchliche Sendungen innehat. Bernhard Nellessen, sozusagen ein Ziehkind des Intendanten Peter Voß aus ZDF-Zeiten, hat den beliebten Christof Schmid in der Direktorenrolle abgelöst. Die Beiträge des Nachtcafés zur Gretchenfrage verfolgt und begleitet der praktizierende Katholik Nellessen eher mit Argwohn.

Der vorzeitige Rückzug von Christof Schmid in den Ruhestand war von uns wie auch von vielen anderen im Sender als schmerzhaft empfunden worden. Er stand, worüber kaum offen gesprochen wurde, im Zusammenhang mit der Feier des 60. Geburtstages von Intendant Peter Voß im Luxushotel Bühlerhöhe bei Baden-Baden. Sender und Hotelleitung hatten wohl für die Kosten des feinen Festes einen Deal ausgehandelt, der den Tatbestand der Untreue erfüllte. Die staatsanwaltlichen Ermittlungen gegen Peter Voß wurden irgendwann wieder eingestellt, nicht dagegen das Verfahren gegen Christof Schmid, der eigentlich nur die – möglicherweise unausgesprochenen – Wünsche des Jubilars erfüllt hat. Die Sache endete unerfreulich mit einem Strafbefehl. Schmid ließ man allein im Regen stehen. Tief verletzt nahm er schließlich seinen Hut und ging vorzeitig in den Ruhestand. Die Welt ist ungerecht.

Bis jetzt waren unsere überdurchschnittlichen Einschaltquoten eine Art Schutzschild für unsere journalistische Arbeit gewesen. Unter Nellessen verändert sich das jetzt. Rückfragen über die Gästebesetzung, dringende Aufforderungen, doch bitte nicht diesen, sondern einen anderen Gast einzuladen, nehmen zu. Gelegentlich werden wir auch aufgefordert, einen schon platzierten Gesprächspartner wieder auszuladen. Gemeinsam mit meinem engagierten Abteilungsleiter Martin Müller gelingt es uns dann doch immer wieder, das Schlimmste abzuwenden. Martin hat als junger Redakteur 1998 bei mir im Nachtcafé angefangen

und über die Jahre unsere unabhängige Philosophie tief inhaliert. Seit 2007 ist er mein Chef. Auf unsere gegenseitige
Loyalität ist Verlass.

Die Unterstützung kann ich auch brauchen, denn mein
ausgeprägter Hang zur kritischen Auseinandersetzung mit
den Themen Glaube und Religion ist für die Redaktion
nicht selten ein Faktor, der Ärger einbringt. Meine Kolleginnen und Kollegen kennen natürlich meine persönliche
Haltung, wissen, dass ich schon mit 21 Jahren aus der Kirche ausgetreten bin. Meine Kinder habe ich weder taufen
lassen, noch in den Religionsunterricht geschickt, was auch
heute noch dann und wann zu häuslichen Diskussionen
führt: »Wie kann man unsere Kultur verstehen, ohne in der
Bibel gelesen zu haben?« In der Regel kontere ich dann
scharf: »Religionsunterricht ist für mich im Unterschied zu
Deutsch, Geschichte oder Mathematik nicht in erster Linie
Wissensvermittlung oder Bildung, sondern Indoktrination,
die aus den lieben Kleinen ordentliche Christenmenschen
machen soll.« Dagegen wäre nichts einzuwenden – außerhalb der Schule.

Darf jemand mit einer so dezidierten Position eine kon-
trovers angelegte Sendung über Glaubensfragen moderieren? Nach doch etlichen Jahren Berufserfahrung empfinde
ich gerade diesen Bereich noch immer als schwer tabube-
haftet. Die Stellung der Kirchen im Staat und die gesell-
schaftliche Wirklichkeit klaffen auch hierzulande weit auseinander. Die Doppelmoral, insbesondere im Bereich der
Sexualität, hat längst groteske Formen angenommen. Ein
wenig mehr an Offenheit und Selbstkritik könnte da eigentlich nicht schaden. Und trotzdem, es gibt sie, die Beispiele,
bei denen der Glauben just unter dem Dach dieser Kirche
lebensrettend ist.

»Wir waren gute Gebrauchsgläubige«, sagt Petra Killinger im Mai 2007 im Nachtcafé. Es ging ihr und ihrem Mann, der jetzt neben ihr sitzt, nicht anders als Millionen von Menschen: »Wir haben schon irgendwie an Gott geglaubt. Aber wir haben ihn so genutzt, wie wir ihn gerade gebraucht haben.« Der 23. August 2000 ist ein angenehmer Sommertag. Thomas Killinger hat sich entschlossen, endlich die Akazie im Garten zu schneiden. Die kleine Tochter Freyja, 20 Monate alt, spielt fröhlich in der Nähe. Unweit des Grundstückes verläuft eine Bahnstrecke. Von dort hört Thomas Killinger das Geräusch eines herannahenden Zuges. Bremsgeräusche, dann ist es plötzlich ganz still.

Es ist ein Moment, der das menschlich Fassbare übersteigt: »Die Gewissheit. Mein Kind ist tot, auf den Bahngleisen vom Zug überrollt. Und ich trage die Schuld.« Wie kann der Betroffene da überhaupt noch weiterleben? Auch Thomas Killinger spürt den Drang, seiner verunglückten Tochter jetzt nachzufolgen. Mit dem Verweis, dies könne nicht im Sinne Gottes sein, hält ihn seine Frau gerade noch davon ab. Es folgen Wochen und Monate, in denen das unendliche Leid fast nicht mehr auszuhalten ist. Heute sagt das Paar: »Der Glaube ist das Einzige, an das wir uns klammern konnten.« Trost und Lebensmut haben diese Eltern aus ihrer Nähe zu Gott gezogen. Auch wenn es vielleicht nur eine menschengemachte Illusion war, wer könnte hier noch widersprechen? Der Publizist Burkhard Müller, der ebenfalls in dieser Sendung sitzt, wagt es: »Ich kann mir eher vorstellen, dass man aufgrund eines solchen Schicksalsschlages den Glauben an einen Gott verliert.«

»Brauchen wir Gott?«, »Raus aus der Kirche, weg von Gott?«, »Nur wer glaubt wird selig?«, »Glaube und Religion, reiner Selbstbetrug?«, »Mehr Schein als Heiligkeit? – Wie glaubwürdig ist die Kirche?«. Nach dem kritischen Unterton in unseren kirchlich orientierten Nachtcafé-Themen muss man, zugegebenermaßen, nicht gerade suchen. Meine versierte Chefin vom Dienst, Karen Rentsch, ist fast schon spezialisiert auf dieses Sujet.

Als 2009 der Missbrauchsskandal in der katholischen Kirche die Schlagzeilen erfasst, liegen bei der klerikalen Obrigkeit die Nerven blank. Nachdem ein Brief des Rektors des Berliner Canisius-Kollegs an seine Absolventen das Schweigen über dieses Tabu gebrochen hat, steht fast über Nacht das ganze Moralgebäude der katholischen Kirche in Flammen. Viele Katholiken sprechen von der größten und schwersten Krise der Kirche seit 1945. Weltweit ist von Zehntausenden von Fällen die Rede. Keine Frage, auch das Nachtcafé wird sich diesem heiklen Thema stellen.

Wie der Titel der Sendung genau heißen soll, wird aus der Chefetage nachgefragt. Nach regem Gedankenaustausch einigen wir uns auf: »Zölibat, Verhütung, Schwule – Muss die Kirche umdenken?« In der Nachcafé-Runde sitzen neben dem Moraltheologen Eberhard Schockenhoff, den wir auf Rat der Fernsehdirektion eingeladen haben, Jürgen Liminski, Journalist und Mitglied des katholischen Bundes »Opus Dei«, und als Kontrast Beda M. Stadler, ein Schweizer Immunologe, der gegen jede Form von Glauben offenbar unüberwindbare Abwehrkräfte besitzt. Normalerweise erwartet man von Menschen aus der Eidgenossenschaft prototypisch ein eher moderates Auftreten. Um es gleich vorwegzunehmen: Unser Gast entpuppt sich als das Gegenteil eines gemäßigten Religionskritikers. Als ich ihn gleich zu Beginn auf die katholische Sexualmoral anspreche, lenkt er das Gespräch zielstrebig auf eine Quasi-Todsünde: Selbstbefriedigung. In dem Verbot sieht er für die heranwachsenden

Priester die Wurzel aller sexueller Not. »Hier wird die Sexualität von jungen Menschen kaputtgemacht.« Beim Thema Zölibat spitzt sich das Ganze zu. Ohne den Umgang mit der eigenen Lust gelernt zu haben – so Stadler – müsse das ja schiefgehen. »Dürfen Sie onanieren?«, fragt er jetzt ganz pragmatisch die katholische Gegenseite, und ich merke, dass ich auf meinem Ledersessel allmählich unruhig hin und her rutsche. Darauf Liminski: »Wenn Sie's tun, ist es ja Ihr Problem.«

Meine Redaktion gibt mir von ihrem Platz aus bereits wilde Zeichen. Wie um Himmels Willen kann ich das Gespräch aus diesem heiklen Fahrwasser wieder herausbringen? Es gelingt mir nur phasenweise. Denn wenig später spricht der Schweizer Professor über ein »perverses Buch« und meint damit nichts Geringeres als die Bibel. Wie könne ein Werk, das voll von Ungeheuerlichkeiten wie Vatermord, Vergewaltigung und Genoziden steckt, die moralische Leitlinie unserer Zeit sein?

Obwohl die Christenmenschen in der Runde reichlich Gelegenheit bekommen haben dagegenzuhalten, beschleicht mich zunehmend das Gefühl, hier braut sich Unheil zusammen. Als die Scheinwerfer erlöschen, stürzt sich Jürgen Liminski dann tatsächlich unmittelbar auf mich und macht seiner Empörung Luft. Dass er uns jetzt wie vorgesehen noch zum geplanten Essen begleite, bricht es aus ihm heraus, das wolle er weder sich noch seiner Frau antun. Am Ende würde sie auch noch von diesem unmöglichen Schweizer oder gar vom Moderator beleidigt.

Der umfängliche Beschwerdebrief an den Intendanten lässt nicht lange auf sich warten. Von »inquisitorischer Intoleranz« ist darin die Rede und von »öffentlich-rechtlicher Hetze gegen die Glaubwürdigkeit der Kirche«. Er überlege, den Presserat einzuschalten oder mich vor die Bischofskonferenz zu bringen. Ich spüre, die gedankliche Distanz zum Scheiterhaufen schmilzt mit jeder Zeile bedenklich. Und zum Abschluss hält der Verfasser eine leise Drohung an den Intendanten bereit: »Bevor ich weitere Schritte unternehme, wollte ich Sie nach Ihrer Meinung fragen.«

Nach Eingang des Schreibens wird mein Chef Martin Müller vom Fernsehdirektor zu einer schriftlichen Stellungnahme aufgefordert. Wir befürchten Schlimmstes. Peter Boudgoust ist seit Mai 2007 Intendant des SWR. Zu meiner Überraschung lässt er es sich nicht nehmen, das Antwortschreiben an den vehement Klage Führenden selbst in die Hand zu nehmen. Boudgoust hat sich schon mehrfach öffentlich dazu bekannt, dass das Nachtcafé zu seinen Lieblingssendungen zählt. Doch wie wird er jetzt reagieren?

Minutiös geht der Intendant in seiner Antwort an den Beschwerdeführer auf die Vorwürfe ein, lobt das Nachtcafé in höchsten Tönen und schreibt:

Vielleicht kommen Sie ja mit einem gewissen zeitlichen Abstand zu dem Schluss, dass die zuständigen SWR-Kolleginnen und Kollegen nach bestem Wissen und Gewissen gehandelt haben. Eine Verletzung unseres hohen Qualitätsanspruches kann ich nicht feststellen. Gleichwohl bedaure ich, dass dieser Eindruck bei Ihnen entstanden ist. Mit freundlichen Grüßen …

Manchmal, so denke ich nach dieser Lektüre, bin ich richtig stolz auf meinen Sender.

Ein Politikum

Der Direktor möchte mit mir Mittagessen. Ein solches An-
sinnen kannte ich bis jetzt noch nicht von ihm. Aber jetzt
deutet allein die Auswahl des gehobenen Restaurants darauf hin, er hat Bedeutsames mit mir zu besprechen. Als er
im Herbst 2010 zum Treffen im Restaurant Cube am Stuttgarter Schlossplatz erscheint, treffe ich auf einen Mann, der
sichtlich um einen freundlichen Auftritt bemüht ist. Das
Nachtcafé sei ja mit mir als Moderator noch immer sehr
erfolgreich. Das freue ihn sehr.

Das Cube gewährt einen Paradeausblick auf die Landeshauptstadt: Schlossplatz, Neues Schloss und am Hang im
Hintergrund die Villa Reitzenstein, Sitz des Staatsministe-
riums, in dem jetzt schon seit 57 Jahren ein und dieselbe
Partei den Ton angibt. Auch mein Gesprächspartner setzt
wohlüberlegt auf diese politische Vereinigung, die CDU,
die ihm bei seiner beruflichen Karriere sicher nicht gescha-
det hat. Ich selbst habe mich allerdings anders entschieden.
Für mich als Journalist war absolute Unabhängigkeit stets
ein hohes Gut. Natürlich schlägt auch in mir ein politisches
Herz. Aufgrund meiner Tätigkeit als Journalist hätte ich es
aber als Widerspruch zu meiner beruflichen Freiheit empfunden, mich einer Partei anzuschließen. Ich habe es nie in
Betracht gezogen.

Noch vor der Vorspeise kommt der Fernsehdirektor auf

den Kern seines Anliegens. Ich hätte ja einen gut dotierten Vertrag als freier Mitarbeiter. Im nächsten Jahr würde ich die Altersgrenze von 65 Jahren erreichen. Er habe ein internes Rechtsgutachten in Auftrag gegeben und – leider, leider – sähe es, was eine Fortsetzung anbetrifft, gar nicht gut aus. Das Justiziariat schließe die Möglichkeit einer Vertragsverlängerung nach dem September 2011 aus. Ich könnte höchstens auf der Basis meines doch eher mageren Ruhegehalts weiter moderieren, und das wolle ich doch sicher nicht; außerdem könne er mir das wirklich auch nicht zumuten.

Von einer solchen Regelung hatte ich noch nie gehört. Ganz offensichtlich will mir Nellessen den alsbaldigen Abschied nahelegen. Aber warum? An meinem anhaltenden Erfolg gibt es schließlich keinen Zweifel. Jetzt kann auch die herrliche Aussicht, die der Platz im Restaurant uns bietet, die Stimmung nicht mehr retten. Kurz bevor wir aufbrechen, schlage ich vor, dass wir uns im Büro des Intendanten wiedersehen. Immerhin, Nellessen zahlt.

Die Beziehung von Intendant und Direktor im SWR zeichnet sich in dieser Zeit nicht gerade durch große Innigkeit aus. Auf den ersten Blick kann man das zwar nicht erkennen, denn mein inzwischen vierter Intendant Peter Boudgoust ist ein betont ausgeglichener und kluger Mensch, der sich durch größte Sachlichkeit auszeichnet. Doch spätestens seit sich Nellessen 2006 ebenfalls, aber erfolglos, um den Intendantenposten beworben hatte, dürfte das Verhältnis der beiden etwas an Entspanntheit verloren haben.

Jetzt sitzen wir zu dritt im Intendantenbüro. Boudgoust hört bei dieser Gelegenheit wohl zum ersten Mal von dem seltsamen internen Rechtsgutachten, das dazu angetan ist, meine Karriere alsbald zu beenden. Er sagt nicht viel. Im

Grunde nur eines: Er wird mit der Rechtsabteilung noch einmal darüber sprechen.

Just in dieser Zeit wurde in Baden-Württemberg ein gewisser Stefan Mappus vom Landtag zum Ministerpräsidenten gewählt. Der hemdsärmelige CDU-Politiker, der sich als durchsetzungsstarker Macher sieht, will, die nahende Landtagswahl fest im Blick, jetzt offenbar gleich mal Flagge zeigen.

In seinen Reden zeigt er sich gerne als glühenden Anhänger der Atomenergie, die, als er an die Macht kommt, gerade den Ausstieg aus dem Ausstieg erlebt. Auch das entgleiste Bahnprojekt »Stuttgart 21« will Mappus jetzt zügig vorantreiben. Am 25. August 2010 rollen am Nordflügel des Stuttgarter Hauptbahnhofs ohne Vorankündigung die Abrissmaschinen an, das Pfeifkonzert tausender Demonstranten, die sich spontan zum Bahnhof begeben haben, übertönt ihren Lärm.

Ab jetzt wächst der Widerstand gegen das Projekt Tag für Tag. Im Schlossgarten sollen hunderte von alten Bäumen dem Bauvorhaben geopfert werden. Protestgruppen, wie die »Parkschützer«, bauen zur Abwehr Baumhäuser und besetzen den Schlossgarten. Am 30. September ziehen Schüler in einer genehmigten Demonstration vom Bahnhof in Richtung Park. Als durchsickert, dass ein Polizeieinsatz unmittelbar bevorsteht, lösen die Baumaktivisten Alarm aus. Die Zahl der Demonstranten wächst schlagartig, und der heranrückenden Polizei gelingt es nicht, die Lage zu deeskalieren. Im Gegenteil: Schlagstöcke, Pfefferspray und Wasserwerfer beherrschen bald die Szenerie.

Ich sitze zu Hause über meiner Moderation für die nächste Sendung. Als ich um 14 Uhr die Hörfunknachrichten einschalte, traue ich meinen Ohren kaum. Noch mehr entsetzen mich die ersten Fernsehbilder, die ich kurz darauf sehe. Das kann doch nicht wahr sein! Wer hat den Befehl zu dieser brutalen und unverhältnismäßigen Polizeiaktion gegeben? Am Ende hinterlässt der »Schwarze Donnerstag« mindestens 160 Verletzte, einer davon ist nahezu erblindet. Für die Demonstranten ist klar: Alle Spuren dieses Einsatzes führen zu Mappus.

Im Normalfall wird von einem Moderator bei politischen Demonstrationen Zurückhaltung verlangt. Für mich kann das jetzt nicht mehr gelten. Bei der folgenden Großdemonstration treffe ich viele Bürgerinnen und Bürger, die heute vielleicht zum ersten Mal auf die Straße gehen. Meine Frau sagt: »Wenn dieser Mappus die Wahl gewinnt, wandern wir aus.« Der Druck auf den Sender wächst. Trotzdem kann sich die S 21-Berichterstattung des SWR sehen lassen.

Der 11. März 2011 ist ein milder Vorfrühlingstag. Auf einer idyllischen Wanderung im Südschwarzwald, mitten in der gerade erwachenden Natur, klingelt mein Handy. Ich höre die Stimme von Martin Müller: »In Japan hat es einen schweren Atomunfall gegeben. Wir müssen unser Programm umwerfen und am kommenden Freitag diese Katastrophe zum Thema machen. Was meinst Du?« Es ist nicht das erste Mal, dass sich das Nachtcafé ganz kurzfristig brisanten aktuellen Themen stellt. Der Golfkrieg, der 11. September 2001, in solchen Fällen herrscht in der Redaktion der Ausnahmezustand. Es gilt: Alle konzentrieren sich jetzt auf die eine Sendung, wenn es sein muss, rund um die Uhr. Diese Sendungen führen auch bei mir verlässlich zu einer erhöhten Adrenalinproduktion. Bald wird klar: Die Atomkatastrophe von Fukushima hat die öffentliche Meinung zur Kernenergie über Nacht radikal verändert. Das kann für den Atomfreund Mappus so kurz vor der Wahl

nicht hilfreich sein, hat er doch den »Schwarzen Donnerstag« politisch noch keineswegs verkraftet.

Im Nachtcafé titeln wir lieber mal vorsichtig und geben
der Sendung die Überschrift: »Unsere Angst vor Katastrophen«. Franz Alt ist auf der Gästeliste sowie der Risiko-
forscher Ortwin Renn und der ehemalige Astronaut Ernst
Messerschmid. Außerdem haben wir die ehemals grüne
Fundamentalistin Jutta Ditfurth eingeladen, zugegeben
kein Gast für Angsthasen. Während noch mit heißer Nadel
an der Sendung gestrickt wird, steht plötzlich ein Angehöriger der Chefetage in meinem Büro und verlangt ein Vier-
augengespräch: Es geht um die eingeladenen Gäste. Nach
einem kurzen Schlagabtausch renne ich empört zu meinem
Chef Martin Müller: »Stell Dir vor, wir sollen Jutta Ditfurth
wieder ausladen. Und dann hat er noch hinzugefügt: ›Denken Sie an Ihren Vertrag!‹«

Am 27. März verliert die CDU die Landtagswahl. Winfried Kretschmann wird zum ersten grünen Ministerpräsidenten eines Bundeslandes gewählt. Ob der Auftritt der
entschiedenen Atomkraftgegnerin Jutta Ditfurth im Nachtcafé messbar dazu beigetragen hat, wage ich allerdings zu
bezweifeln.

Intendant Boudgoust hat sich in Sachen meiner Weiterbeschäftigung übrigens noch vor der Landtagswahl und
spürbar unbeeinflusst von politischer Personalpolitik mit
einer so kurzen wie eindeutigen Nachricht bei mir am
Telefon gemeldet: »Wir werden Ihren Vertrag verlängern.«
Bernhard Nellessen verzichtet Ende 2012 auf eine weitere
Amtszeit als Fernsehdirektor – auf eigenen Wunsch, wie es
offiziell heißt.

Dem Nachwuchs eine Chance

Es geht bestimmt nicht nur mir so: Die meisten Ideen kommen mir morgens unter der Dusche, ob es immer auch die besten sind, lasse ich hier mal offen. Einer dieser folgenreichen Gedankenblitze traf mich nach meiner Erinnerung im Frühjahr 2008. Es war der 33. Jahrestag meiner Präsenz auf dem Bildschirm. So lange moderiere ich jetzt schon, dachte ich, habe viel geübt, viel gelernt, da liegt doch der Gedanke nahe, etwas von dem erworbenen Know-how an die jungen Rohdiamanten aus der Generation nach mir weiterzugeben. Eine Moderatorenausbildung aufbauen, das wäre doch für einen Bildschirmveteranen wie mich eine reizvolle Angelegenheit.

Das Niveau der hierzulande gängigen Moderationskultur empfinde ich, insbesondere bei der privaten Konkurrenz, ohnehin schon länger als bedenklich. Keine Frage: Hier herrscht Handlungsbedarf. Es ist wohl meine berüchtigte Willensstärke, gepaart mit einem gerüttelt Maß Glück, die aus der Idee unter der Dusche tatsächlich ein konkretes Projekt werden lässt. Der Staatssekretär im Ministerium für Wissenschaft und Kunst, den ich als ersten anrufe, hat erfreulicherweise ein offenes Ohr für die Sache. Offene Ohren von Politikern haben oft nicht viel zu bedeuten, doch in diesem Fall ist es anders. Die Filmakademie in Ludwigsburg mit ihrer neuen angeschlossenen Theaterakademie wäre doch ein überaus geeigneter Ort für dieses lohnende Vorhaben. Das meint nicht nur der Staatssekretär, auch der mir gewogene Ludwigsburger Oberbürgermeister, der das Projekt unterstützt.

In hochkarätiger Besetzung kommt es schließlich zum Treffen mit der Führungsriege der Filmakademie. Begeistert entwickle ich vor den Filmkünstlern unsere Pläne und blicke in betont gelangweilte Gesichter, an denen meine wunderbaren Ideen wirkungslos abzuprallen scheinen. Ihr Votum erfolgt eine Stunde später: »Nein, eine Moderatorenausbildung in ihrer Akademie, das können sie sich wirklich nicht vorstellen.« Als wir ergebnislos wieder von dannen ziehen, zeigt sich der Staatssekretär ob der zelebrierten Hochnäsigkeit unserer Gesprächspartner sichtlich verärgert, aber geschlagen gibt er sich noch lange nicht. Er hat eine Idee.

Bereits eine Woche später sitze ich wieder in seinem Büro. Dabei ist auf Einladung des Staatssekretärs auch der Rektor der Hochschule der Medien in Stuttgart, Professor Alexander Roos. Und dieser zögert nicht lange: Er will das Projekt an seiner Hochschule verwirklichen. Alexander Roos ist ein ruhiger, eher bedächtiger Mann. Ich stelle mich darauf ein, das kann dauern. Doch ich habe mich gründlich getäuscht: Die Hochschule meldet sich noch am selben Tag. Man wolle lieber gleich Nägel mit Köpfen machen, wann ich zu einem Gespräch zum Rektor kommen könne.

»Wir machen das«, sagt der Rektor ohne Umschweife, als ich ihm in der Hochschule gegenübersitze. »Und ich habe auch den richtigen Partner für Sie.« Stephan Ferdinand, seit 2001 Professor für Journalistik, kenne ich flüchtig noch als Hörfunkkollegen aus seiner Zeit beim SWR. Jetzt soll er mein Partner an der Hochschule werden. Er hat den Ruf, ein Mann der Tat zu sein. Von dieser Qualität wird er jetzt sicher Gebrauch machen können. Denn noch ist die geplante Moderatorenausbildung mehr oder weniger eine Privatinitiative von mir. Wenn die Sache Bestand haben soll, muss zwingend auch mein Sender mit ins Boot.

»Ich höre, Sie haben Großes vor.« Mit diesen freundlichen Worten eröffnet der Intendant das Gespräch in der 15. Etage des SWR-Gebäudes in Stuttgart. Kein Zweifel, der erste Mann des Senders findet Gefallen an meinem Projekt. Er hört bei der Schilderung des Vorhabens nicht nur aufmerksam zu, sondern hat auch eigene Vorschläge, die sich schon bald als elementar erweisen. Denn er rät, die ganze Unternehmung berufsbegleitend anzulegen. So könnten Talente, die bereits in einem journalistischen Beruf stünden, eher dafür gewonnen werden, sich auf dieses Jahr Moderatorentraining einzulassen. Der SWR würde sich mit Studios und Manpower daran beteiligen. Das Projekt steht.

Bald darf ich mich ebenso wie mein Hochschulkollege etwas vollmundig »Direktor des Instituts für Moderation« nennen. Was mich beunruhigt: Eigentlich dachte ich, das Ganze würde erst mit meinem Ruhestand Gestalt annehmen. Jetzt aber starten wir mit dem IMO zu einem Zeitpunkt, an dem ich noch auf unabsehbare Zeit mit vollem Programm auf Sendung bin, eigentlich so etwas wie selbstgewählter Wahnsinn. Und das auch noch ehrenamtlich!

Mit einer Pressekonferenz im Mai 2009 gehen wir erstmals an die Öffentlichkeit, im Juli wählen wir in einem Casting 15 Teilnehmer aus den rund 60 Interessenten aus. Es ist ein bunter Haufen, der sich da an der Hochschule einfindet. Das Spektrum reicht von Kandidaten, die sich als potenzielle Nachfolger von Thomas Gottschalk sehen, bis hin zu anderen, die sich eher als »Aufklärer« via Bildschirm eine Plattform schaffen wollen. Und dann gibt es noch die,

die einfach der Magie des Mediums verfallen sind. Ihre Zukunftspläne bewegen sich noch im Diffusen. Sicher sind sie sich nur, »irgendetwas mit Medien« soll es sein.

An einem Wochenende im Oktober findet der erste Workshop des »Qualifikationsprogramms Moderation« statt. So viel Motivation und Begeisterung habe ich selten in einem Studio versammelt gesehen. Da wir die gut ausgestatteten Fernsehstudios im SWR und in der Hochschule nutzen dürfen, kann unsere Ausbildung sehr praxisnah sein. »Üben, üben, üben«, heißt der Grundsatz. Er ist unser Schlüssel zum Erfolg. Ich selbst verantworte unter anderem einen Talkshow-Workshop, der mit realen Gästen im SWR-Fernsehstudio der Wirklichkeit sehr nahekommt. Auch gelingt es uns, einige der Bildschirmgrößen zu einem Austausch mit den Jungmoderatoren als Gäste und Gesprächspartner an die Hochschule zu locken. Namen wie Sandra Maischberger, Frank Elstner, Marcel Reiff, Peter Klöppel, Ranga Yogeshwar und Ingo Zamperoni bringen nicht nur ihre Erfahrungen mit, sondern auch einen Hauch von Glamour in das akademische Milieu.

Bereits nach dem ersten Workshop ist der Funke der Begeisterung auf mich übergesprungen. Beseelt fahre ich am Abend nach Hause, lasse während der Fahrt den Tag versonnen noch einmal Revue passieren. An einer Kreuzung, die ich schon tausendmal gequert habe, blicke ich, noch halb abwesend, auf zwei grüne Ampeln, die aber offenbar nicht die meinen waren. Erst als die Airbags sich auslösen, werde ich abrupt in die Wirklichkeit zurückgeschleudert. Der erste Tag am IMO endet für mich mit einem Totalschaden.

Ohne größere Schäden gelingt es uns dagegen, den Moderatoren-Nachwuchs durchzubringen. Nach mehr als einem Jahrzehnt sind inzwischen rund ein Viertel der Teilnehmer

Talkshow-Workshop für den Moderationsnachwuchs des
IMO im SWR-Studio.

auf verschiedene Weise moderierend auf dem Bildschirm präsent. Auf die Frage, ob ihnen das Jahr am IMO viel gebracht
hat, lautet die Antwort praktisch unisono: »Ja, sehr viel.«

Das gleiche gilt auch für mich selbst: Der Nachwuchs,
dem ich begegne, verkörpert spürbar ein beginnendes neues
Zeitalter. Die jungen Leute beherrschen Techniken, die ich
zum Teil nur vom Hörensagen kenne. Die Digitalisierung
der Medien schreitet unaufhaltsam voran. Wie lange, frage
ich mich, wird das gute alte Sofafernsehen noch Bestand haben? »Internet-Fernsehen«, »Online-Plattformen«, »Soziale
Netzwerke«, »Streaming«, das sind die Schlüsselworte, die
das Wohl und Wehe einer anderen Zukunft markieren. Allmählich freunde ich mich mit der Einsicht an: Das wird
nicht mehr meine Zukunft sein.

Zeitenwende im Südwesten

»Schöne neue grüne Welt?« Mit einem Hauch von Ironie im Titel kündigen wir das Nachtcafé vom 1. April 2011 an. Und es handelt sich keineswegs um einen Aprilscherz. Der bis vor Kurzem noch kaum vorstellbare politische Machtwechsel in Baden-Württemberg ist Wirklichkeit geworden und gleicht einem Paukenschlag. Die grüne Partei ist im Freudentaumel, das Nachtcafé-Team indessen voller Ehrgeiz. Und tatsächlich, es gelingt: Am Freitag nach der Wahl sitzt der designierte erste grüne Ministerpräsident Winfried Kretschmann mit dem Strahlen des Siegers neben mir in der Sendung. Es ist sein erster Talkshow-Auftritt nach der Wahl. Und nicht nur er erweist uns die Ehre. Trotz des GAUs, den seine Partei gerade erlitten hat, ist auch ein Mann dabei, der sich in den letzten Jahren zu einem richtigen Fan des Nachtcafés entwickelt hat: Lothar Späth, von 1978 bis zu seinem Rücktritt 1991 der wohl erfolgreichste Ministerpräsident, den Baden-Württemberg je erlebt hat. Kretschmann kennt ihn gut, vor allem aus der Perspektive der Oppositionsbänke. Dass er diese Perspektive einmal durch den Blick von der Regierungsbank austauschen würde, hat er sich wohl bis vor wenigen Monaten nicht einmal im Traum vorstellen können – eher schon den alsbaldigen Rückzug aufs Altenteil.

Als Kretschmann 1980 mit seinen grünen Weggenossen zum ersten Mal in den Landtag einzieht, ist Späth schon im Amt. An die grüne Pflanze, die ihm die Latzhosenträger zur Begrüßung überreichen, hat er noch eine wache Erinnerung: Es handelte sich um einen Kaktus – ein besonders stachliges Exemplar.

»Kretschmann war der erste damals, mit dem ich die Klingen gekreuzt habe«, sagt Späth. Als Moderator erwarte ich jetzt, dass die Gefechte von einst angesichts des für die CDU desolaten Wahlergebnisses wieder aufflammen. Aber weit gefehlt. Hier sitzen zwei, die sich gegenseitig respektieren, vielleicht sogar schätzen. »Der Späth hat uns durch die harte Schule der Realpolitik geschickt«, erkennt Kretschmann an. Vertraut, ja fast freundschaftlich gehen die beiden miteinander um. Nur als der Name Mappus fällt, sucht Späth in gewohnter Schnelligkeit eine Vertiefung dieser Personalie zu vermeiden.

Nach dem grünen Wahlsieg 2011: Lothar Späth und Winfried Kretschmann finden überraschend freundliche Worte füreinander.

Ich versuche daraufhin, dem Wahlsieger nahezubringen, dass er ab jetzt so etwas wie ein Star ist und frage: »Erwarten Sie jetzt eine Art Obama-Effekt?« Die Antwort zeugt von Selberkenntnis: »Erst einmal, ich habe nicht das Charisma von Obama, ich bin ein schlechter Redner, bin langweilig und bieder.« Ich sage es nicht laut, aber für mich denke ich im Stillen: »Ideale Voraussetzungen, um Landesvater von Baden-Württemberg zu werden.«

Es dauert nicht lange bis die Voraussagen Wirklichkeit werden. Kretschmann steigt schon nach kurzer Zeit im Amt zum beliebtesten Ministerpräsidenten Deutschlands auf und bleibt es für viele Jahre. Er sei aber kein Mann für Talkshows, heißt es. Sendungen wie »Anne Will« oder »Hart aber Fair« passen tatsächlich nicht so recht zu ihm und seiner etwas umständlichen und langsamen Art. Anders das Nachtcafé. Vielleicht, weil der Moderator auch nicht einer der Schnellsten ist, vielleicht auch, weil es meist nicht um einen vordergründigen Schlagabtausch geht, sondern, wie die Medienkritik freundlicherweise immer wieder bestätigt, eher um Tiefgang und Reflexion.

»Erfolgsgeheimnisse« betiteln wir zehn Monate nach Kretschmanns erstem Besuch im Schloss Favorite das Nachtcafé zum 25-jährigen Sendungsjubiläum. Und wieder ist der Ministerpräsident dabei – dieses Mal mit Begleitung.

Gerlinde Kretschmann verkörpert nicht gerade den Prototyp einer First Lady. Sie strahlt eine unverbogene Direktheit aus und den bodenständigen Charme der Provinz. Aus der Entourage des Gatten erfahre ich, man sei sich gar nicht sicher, ob der Ministerpräsident im Trubel der Amtsgeschäfte überhaupt registriert habe, dass seine Frau ebenfalls eingeladen ist. Es ist ihr allererster Talkshow-Auftritt. Als sie das Wort ergreift, glaube ich im Gesicht des Ministerpräsidenten einen Hauch von Besorgnis zu erkennen. »Wenn man in der ersten Reihe steht, muss man auf jeden Satz achten«, hat er kurz zuvor noch selbst ausgeführt. Hoffentlich wird Gattin Gerlinde jetzt ebenfalls diesem Grundsatz folgen. »Ich bin keine Frau fürs Damenprogramm«, betont sie. Wie die beiden zueinander fanden, will ich wissen: »Der Winfried«, verkündet die ehemalige Lehrerin und Gemeinderätin selbstbewusst, »war einfach der interessanteste Mann, den ich kannte. Zwei meiner Schwestern waren auch hinter ihm her, aber ich habe das Rennen gemacht.«

Seit er Ministerpräsident ist, bewegt sich der »interessanteste Mann« allerdings überwiegend in der Landeshauptstadt oder sonst wo, meistens weitab von Sigmaringen. »Und wenn er dann mal zu Hause ist«, so klagt die Ehefrau, »ist er müde und will nicht mehr reden.« Die Einsamkeit von Politikergattinnen ist wohl ein parteiübergreifendes Phänomen. Unter diesem Aspekt also: Kein Zeitenwechsel, auch nicht im Südwesten.

Unter anderen Blickwinkeln schon. Und gemeint ist hier nicht nur die Vision von einer grüneren Welt, sondern auch die Rundfunkpolitik. Kretschmann gibt sich, wo immer er sich zu dem Thema äußert, als erklärter Anhänger und Verteidiger des öffentlich-rechtlichen Rundfunks zu erkennen. Rundfunkfreiheit, Unabhängigkeit und Staatsferne sind für ihn hohe Werte – elementar besonders in Zeiten von Facebook, Instagram, Twitter und Fake News. Er stimmt dabei, obwohl politisch von anderer Farbe, mit dem SWR-Intendanten überein. Peter Boudgoust kann, wenn er die Vorzüge des öffentlich-rechtlichen Rundfunks schildert, wie Kretschmann, richtig leidenschaftlich werden. Und das heißt bei den beiden schon etwas.

Für uns Fernsehmacher sind das Signale, die zuversichtlich stimmen. Mit einem neuen Vertrag in der Tasche stürze ich mich weiter mit Haut und Haaren in die Arbeit. Einen längst eisern gefassten Vorsatz möchte ich aber tunlichst nicht aus dem Auge verlieren: Das Ende meiner Bildschirmpräsenz will ich selbst bestimmen, und das wird mir nur gelingen, wenn ich zum gewählten Zeitpunkt noch unvermindert erfolgreich bin.

Es gelingt! Am 29. Januar 2014 schreibt mein Intendant:

Sehr geehrter, lieber Herr Dr. Backes,
viele Ihrer Fans werden sehr betrübt sein, wenn Sie heute Ihr Interview in der Stuttgarter Zeitung lesen, in dem Sie Ihren Rückzug vom »Nachtcafé« bekanntgeben: Ihr timing war – und ist! – perfekt.

Meinen Nachtcafé-Abschied hatten Martin Müller und ich geradezu generalstabsmäßig eingefädelt. Ein exklusives Interview in der *Stuttgarter Zeitung* sollte die Ankündigung meines Rückzugs wirkungsvoll und mit einem Überraschungseffekt unter die Leute bringen. Niemand in der Redaktion, nicht einmal unsere eigene Presseabteilung hatten wir eingeweiht. Zeitgleich mit dem Erscheinen des Interviews versenden wir eine persönliche Erklärung von mir. Der Coup ist erfolgreich, das Medienecho überwältigend. Mehrere Blätter bringen die Nachricht auf Seite eins. Noch 11 Monate und 25 Nachtcafé-Sendungen liegen jetzt vor mir. Dieses Jahr sollte zu einem der anregendsten Jahre meines Berufslebens werden.

Nachtcafé-Finale

Der Vorschlag kam aus dem Team des Literaturhauses: »Warum nicht Frank Elstner?« Der Mann, der einst »Wetten dass …?« erfunden hat, moderiert zu diesem Zeitpunkt noch seine eigene Talkshow »Menschen der Woche« im SWR-Fernsehen. Als Konkurrenten fühlen wir uns nicht, eher als freundliche Kollegen, die sich auch immer mal wieder gegenseitig in ihre Sendungen einladen. Jetzt soll er gefragt werden, ob er einen Abend mit mir in der Stuttgarter Liederhalle moderieren würde. Und tatsächlich, Elstner sagt zu.

Geplant ist eigentlich eine Buchvorstellung oder besser gesagt die Präsentation eines kleinen Bändchens, das eine Art Beigabe zu meinem Nachtcafé-Abschied sein soll, eine Sammlung von Zitaten, die ich in meinen Sendungen als Schlusspointe verwendet habe – ein Ritual, das viele Zuschauerinnen und Zuschauer nicht missen wollen. Um es vorwegzunehmen: Die vorgetragenen Zitate spielen an diesem Abend im ausverkauften Mozartsaal nur eine untergeordnete Rolle. Es hat schon seinen besonderen Charme, wenn zwei Kollegen mit jeweils fast einem halben Jahrhundert Moderationserfahrung aufeinandertreffen. »Wie zwei alte Dinos, die sich gegenseitig beweihräuchern, meint Elstner prophylaktisch, wollen wir das Ganze nicht anlegen. Da sind wir uns einig.

Elstner erinnert sich noch haargenau daran, als er mich vor 27 Jahren zum ersten Mal im Nachtcafé sah. Damals rief er seiner Frau im Nebenraum zu: »Schatz, schau mal, jetzt stellen sie schon Psychiater als Moderatoren ein!« An diesem Abend kommen der Psychiater und der Showmaster ganz gut miteinander zurecht. Ich spreche vom Glück, eine Sendung gefunden zu haben, die mir offensichtlich auf den Leib geschrieben war, und zitiere den weisen Rat meines Vaters: »Diese Sendung gibst Du nie auf.« Darauf Elstner: »Ach, hätte ich nur so einen Vater gehabt, dann hätte ich ›Wetten dass …?‹ nie aufgegeben.«

Natürlich kommt das Publikum an diesem Abend nicht um meine Lieblingsanekdote herum: Meine große Tochter besuchte gerade die Tanzschule. Da die Töchter beim Abschlussball auch für eine Runde mit ihren Vätern aufs Parkett sollen, übt sie sicherheitshalber erst mal mit mir im heimischen Wohnzimmer. Immer mehr verfinstert sich dabei ihr Gesicht. Irgendwann lässt sie mich los, stampft mit dem Fuß auf den Boden, blickt mich wütend an und sagt einen Satz, an dem ich heute noch zu knapsen habe: »Mensch, Papa, wenn Du nicht schwätzen könntest, könntest Du gar nichts.«

Zu schwätzen gibt es in diesen Monaten vor der letzten Sendung einiges. Es hat etwas von einer Abschiedstournee, wenn ich jetzt durch zahlreiche Orte unseres Sendegebietes toure, den Kopf voller Erinnerungen, im Gepäck Geschichten aus dem Nachtcafé. Ganz ohne falsches Pathos, ist es Zeit, denen zu danken, ohne die es unsere Erfolgsgeschichte nicht gäbe: den Zuschauerinnen und Zuschauern.

Zahlreiche Zeitungen und Zeitschriften melden sich mit Interview-Wünschen: Für den *Fokus* bin ich »der letzte seiner Art«, sogar die *TAZ* fällt aus dem üblichen kritischen

Rahmen und fragt mit einem gerüttelten Maß an ironischer Übertreibung: »Was wäre aus Baden-Württemberg geworden – ohne ihn?« Dahinter steckt – Übertreibung hin, Übertreibung her – eine ernste Frage: Können Fernsehsendungen, können insbesondere Talkshows etwas in den Köpfen der Menschen verändern? Gearbeitet habe ich daran in all den Jahre wahrlich genug.

Am Ende werde ich für insgesamt 706 Sendungen hochgerechnet 7912 Stunden an meinen Moderationen geschrieben haben. Rund 5000 Gäste waren bei mir im Lustschloss. Auch wenn viele von ihnen nur noch vage oder überhaupt nicht mehr in meiner Erinnerung auffindbar sind, es gibt auch die anderen, die, die sich aus den unterschiedlichsten Gründen fest in meinem Gedächtnis verankert haben.

Einen Namen werde ich mit Sicherheit nicht vergessen, obwohl die Erinnerung an ihn nicht unbedingt zu den erfreulichen zählt. Dieter Wedel, hochgerühmter Fernsehregisseur und damals schon mit dem Ruf eines berüchtigten Frauenhelds behaftet. Für eine Sendung unter dem Titel »Seitensprung« kann er eigentlich keine Fehlbesetzung sein. Zum Sendedatum hat er bereits fünf Kinder mit fünf verschiedenen Frauen. Meist gilt: neuer Film, neue Frau. Damals, 1999, ist gerade die Schauspielerin Dominique Voland sein Shootingstar und bald schon die Mutter seines sechsten Kindes.

Obwohl ich Wedel in der Sendung ziemlich kritisch angehe, ist der weibliche Gast links von mir noch etwas resoluter. Als sie die fallweise mutmaßlich sehr übergriffigen sexuellen Aktivitäten Wedels überaus direkt anspricht, gibt es für den Regisseur kein Halten mehr. Er reißt sich das Mikrofon vom Leib, steht auf und verlässt nach nur acht gesendeten Minuten lautstark das Schloss, ein Abgang, der angesichts unserer weitgehend skandalfreien Sendungen irgendwie auch zu einem Stück Nachtcafé-Geschichte wird.

Jetzt, 15 Jahre nach Wedels geräuschvoller Selbstinszenierung, als gerade die Vorbereitungen für mein letztes Nachtcafé anlaufen, kommt auch der Eklat von damals wieder zur Sprache. Vollmundig geben wir der Sendung den Titel »Happy End«. Zwei Glückliche haben bereits zugesagt, Winfried Kretschmann und Harald Schmidt. Da kommt die Idee auf, sozusagen zum »guten Ende« auch eine Art »Aussöhnung« mit Dieter Wedel in die Sendung einzuplanen. Als Überraschungsgast soll er das »Happy End« abrunden. Kleinbürgerlich prüde sind wir doch auf keinen Fall. Dass die Sache mit der Versöhnung keine gute Idee war, das

Happy End: Das Abschiedsfest nach fast 28 Jahren Nachtcafé. Mit dabei Abteilungsleiter Martin Müller, Kabarettist Mathias Richling, Fernsehdirektor Christoph Hauser, Schauspielerin Maren Kroymann und der Moderator des Abends Harald Schmidt.

konnten wir damals noch nicht erahnen. Wedel wird von der Nachtcafé-Gemeinde freundlichst empfangen.

Vier Jahre nach Ausstrahlung unseres Finales veröffentlicht *Die Zeit* »belastende Aussagen« einiger Schauspielerinnen, die mit Wedel offenbar nicht nur vor der Kamera zu tun hatten. Schwere Vorwürfe von sexueller Nötigung, Gewalt, ja Vergewaltigung stehen im Raum. Der Staatsanwalt ermittelt. Wedel bleibt nur noch der völlige Rückzug aus Beruf und Öffentlichkeit. Und wir werden Jahre nach der Ausstrahlung meines letzten Nachtcafés unerwartet um eine deprimierende Erfahrung reicher.

An jenem Abend sind wir davon noch völlig unbelastet. Im Schloss herrscht bewegte Abschiedsstimmung. Das Nachtcafé-Team hat sich zu einem Spalier aufgebaut, alle halten eine Rose für mich in der Hand. Das Publikum erhebt sich. Nach 27 Jahren und 10 Monaten verlasse ich, begleitet von langanhaltendem Beifall, zum letzten Mal mein Nachtcafé-Domizil. Das obligate Zitat zum Schluss hatte ich vergessen. Meine letzten Worte lauten: »Es war einfach schön.«

Die neue Freiheit

Paula ist unsere portugiesische Haushaltshilfe. Ich erkläre ihr, dass sie am Dienstag nicht kommen müsse, denn da hätten wir das Haus voller Leute. Was denn der Anlass sei, will sie wissen? Ich versuche ihr zu erklären, dass man mir einen Orden verleiht. Als ich verbal nicht weiterkomme, klopfe ich mir zur Verdeutlichung auf die Brust. Ihre Reaktion: »Aah, Herzschrittmacher!«

Das Bundesverdienstkreuz zum Abschied, natürlich freue ich mich darüber. Andererseits hat das für mich und meine Generation auch etwas Suspektes: Endgültig im Establishment angekommen. Bei der Verleihung der Auszeichnung im Staatsministerium spart der Ministerpräsident entgegen seiner sonst so zurückhaltenden Art nicht mit Superlativen: »Sie haben mit der Sendung Nachtcafé Fernsehgeschichte geschrieben.« Starke Worte. Zur Verleihung eingeladen habe ich unter anderen nicht nur meine derzeitige, sondern auch meine frühere Ehefrau. In meiner kurzen Erwiderung auf das Lob des Ministerpräsidenten erkläre ich: »Andere Frauen halten ihren Männern den Rücken frei. Meine Frauen sorgten dafür, dass ich die Bodenhaftung nicht verliere.«

»Na«, denke ich, »das kann ich ja jetzt beweisen – im Beinahe-Ruhestand.« Die Sendung »Ich trage einen großen Namen« soll ich noch eine Weile weiter moderieren, aber das wird nur einen kleinen Bruchteil meiner Arbeitskapazität in Anspruch nehmen. Und die übrige Zeit?

»Vielleicht ist ja das kommende das eigentliche Leben«, sagt Harald Schmidt, der sich gerade in der Kunst des Frührentnertums übt, in meiner letzten Sendung. »Ich werde jetzt Flaneur«, behaupte ich, ohne präzise Vorstellungen davon zu haben, was das eigentlich ist. Im Lexikon steht: »Ein Flaneur ist ein Mensch, der im Spazierengehen schaut, genießt und planlos umherschweift.« Das klingt gut. Ob aber Stuttgart genau der richtige Ort ist, um diesen bekennend unproduktiven Lebensstil zu pflegen, das muss ich wohl erst herausfinden. Außerdem gibt es in einem Haushalt mit voll berufstätiger Ehefrau und pubertierendem Teenager nicht gerade ein Überangebot von Gelegenheiten zum Nichtstun und zur Langeweile. Da ich gerne koche, kann die bisherige häusliche Rollenteilung nun noch etwas ausgeprägter praktiziert werden als bisher. Und da meine Frau das, was ich auf den Tisch bringe, notorisch mit großem Lob versieht – wie ich hoffe, nicht nur aus taktischen Erwägungen –, ist auch die Ernährung der Familie weiterhin gesichert.

Was mir überraschenderweise nicht fehlt, ist die wöchentliche Dosis Moderation vor der Kamera. Diese für mich so erfüllende Zeit empfinde ich jetzt als abgeschlossenes Kapitel. Keine Sehnsucht zurück, keine Entzugserscheinungen. Mein Baby von einst wird, dank einer kompetenten und durchsetzungsstarken Redaktion, in gute Hände weitergegeben. Der von manchen befürchtete Einbruch der Zuschauerzahlen nach dem Ende der Ära Backes bleibt glücklicherweise aus. Was will man mehr?

Und jetzt Flaneur? Wie geht eigentlich »Flaneur«? Ich weiß nicht, ob das unter dieses Stichwort fällt, aber auf jeden Fall mache ich mich eines Abends etwas planlos auf den

Weg ins Literaturhaus. Als ich das Programm lese, gilt mein Hauptinteresse nicht dem eingeladenen Autor, sondern dem, der die Fragen stellt. Friedrich Schirmer ist mir in den letzten Jahren sehr vertraut geworden. Mehrfach war der Theaterintendant Gast im Nachtcafé; zuletzt erzählte er dort anrührend über seinen Fall ins Bodenlose und seine Rückkehr ins Leben. Und dieses neue Leben spielt sich nicht mehr an einer der großen Theaterbühnen Deutschlands ab, sondern dort, wo er einst als Intendant klein angefangen hat, nur zehn Kilometer vor den Toren Stuttgarts an der Württembergischen Landesbühne in Esslingen am Neckar. Wie man hört, ein gelungenes Comeback.

Die Veranstaltung ist vorbei. Ob ich noch auf ein Glas Wein ins Lokal einen Stock tiefer mitkomme? »Ja, gern.« Und da geschieht es – vermutlich hat es auch etwas mit dem Barolo in mir zu tun. Quer über den Tisch rufe ich in weinseliger Stimmung Friedrich Schirmer zu: »Was halten Sie davon, wenn ich bei Ihnen mal Theater spiele?« An seiner Mine kann ich bereits das »Nein« ablesen, doch nur wenige Minuten später hat er eine Idee: »Halt, da fällt mir etwas ein!«

Zwei Wochen später schickt mir der Intendant tatsächlich das Buch für eine in der nächsten Spielzeit geplante Uraufführung: »Der Sheriff von Linsenbach«. Der Autor, Oliver Storz, gehört zu den hochdekorierten Fernsehregisseuren Deutschlands. Der »Sheriff« war zwar bereits auf dem Bildschirm zu sehen, aber die Uraufführungsrechte fürs Theater hat Storz an Schirmer gegeben, der sich sicher ist, die Komödie über einen »schwäbischen Fundamentalisten« hat das Potenzial zum Erfolg. Eine bedeutsame Nebenrolle hat er auch schon für mich vorgesehen: Den besten Freund des Titelhelden, den Rathauspförtner Kunz, wenn man so will, eine Art »Whistleblower«. Und das Schlimmste: Die Dialoge sind auf Schwäbisch.

Christine Gnann, der Regisseurin, eilt ein sehr guter Ruf voraus. Ideenreich, zupackend und zugleich warmherzig soll sie sein. Jetzt sitzt sie mir in einem Stuttgarter Café gegenüber. Ihre Meinung zu dem möglichen Debutanten ist jetzt gefragt. Sie ist selbst Schwäbin und lässt mich gerade erste Kostproben des Idioms artikulieren. Dank meiner Landpomeranzenvergangenheit meistere ich diese erste Prüfung vor den strengen Ohren der Meisterin mit Bravour. Jetzt muss ich nur noch meine Tauglichkeit als Schauspieler unter Beweis stellen.

Das Risiko meines Schauspieldebuts vor Publikum soll möglichst gering gehalten werden, das verstehe ich. Bei dem Testlauf auf der Probebühne am Esslinger Zollberg ist dann auch schon einer der künftigen Kollegen dabei, wie man mir zuraunt, einer der Stars des Ensembles. Martin Theuer muss den Schwaben nicht spielen, er ist geradezu das »role model« für diesen süddeutschen Stamm. Seine mäßige Laune, mit der er zum Probespiel mit mir erscheint, ist ebenso glaubhaft schwäbisch wie sein virtuoser Umgang mit den brillanten Texten des Autors. Kurze Dialoge zwischen uns beiden sollen der Regisseurin die Entscheidung leichter machen. Meine erste Erfahrung: Auch ein lustlos spielender Profi ist noch zehnmal besser als ich. »Danke, das genügt«, ruft die Regisseurin und verbindet diesen Satz freundlicherweise mit einem Kopfnicken. Schirmers entschiedenes Ja-Wort fegt schließlich meine letzten aufkommenden Selbstzweifel hinweg.

In der Männergarderobe des Theaters habe ich jetzt einen festen Platz. Wenn ich den Raum betrete, blicke ich auf eine recht heterogene Versammlung von Generationen und Charakterköpfen. Mögen die mich eigentlich? Für sie ist die Schauspielerei ihr Beruf, für mich lediglich ein Spaß, den ich mir gönne. Natürlich setzt das Theater durch meine Verpflichtung auch auf einen PR-Effekt. »Vom Moderator zum Rathauspförtner« steht über einem Vorbericht, der fast ausschließlich meiner Person gewidmet ist. Weitere Artikel folgen. Ich könnte verstehen, wenn meine neuen Kollegen damit ihre Schwierigkeiten hätten. Doch je länger die Probentage sich hinziehen, desto familiärer und freundlicher entwickelt sich das Klima. Und bei mir wächst der Respekt vor den Kolleginnen und Kollegen, die nicht nur ihre gigantischen Textvolumina mit scheinbarer Leichtigkeit abliefern: Viele in Schirmers Ensemble sind richtig gute Schauspieler. Meine Achtung vor ihrer Arbeit wächst Probe für Probe.

Und dann: die Premiere. Toi, Toi, Toi! So etwas wie Lampenfieber kenne ich eigentlich aus meinem Fernsehleben kaum. Doch heute ist alles anders. Habe ich an alles gedacht? Sind alle Requisiten an ihrem Platz? Das pfiffige, sich immer wieder drehende Bühnenbild, das den Mikrokosmos Linsenbach genial in Szene setzt, verlangt von den Schauspielern das Beherrschen einer richtiggehenden Choreographie: Wann muss ich in den ersten Stock? Wann auf die Terrasse? Durch welche Tür rein, durch welche raus? Bei welchem Stichwort muss ich mich in meine Pförtnerloge setzen? Sicherheitshalber begebe ich mich schon Minuten vorher dahin und zittere meinem ersten Auftritt entgegen. Die Bühne beginnt sich zu drehen, einmal, zweimal. Von außen pocht der Bürgermeister an meine Loge und ruft: »Kunz!« Jetzt bin ich dran. Zum ersten Mal erblicke ich schemenhaft das Publikum. Jetzt …mein Einsatz. Aber der Text ist weg, einfach weg. Kein einziger Laut geht über meine Lippen.

Die Regisseurin, die zur Premiere im Parkett Platz genommen hat, begreift – wie ich natürlich erst später erfahre – als einzige, dass ich mit einem Blackout kämpfe. Warum, um Himmels willen, habe ich mich auf diese Bühne begeben? Eine mir endlos vorkommende Anzahl von Sekunden verstreicht, dann ist der Text zum Glück wieder da: »Tut mir leid, Herr Bürgermeischter …« Die Gefahr eines allzu frühen Endes meiner Schauspielkarriere scheint fürs erste gebannt zu sein.

Nach eineinhalb Stunden Adrenalin: Applaus, Bravorufe, Standing Ovations. Die Kritiker der regionalen Blätter zeigen sich entzückt: »Mag der einstige Nachtcafé-Moderator auch als Köder eingeplant sein: Er macht seine Sache hervorragend.« Und der Kollege von der Konkurrenz meint

Vom Moderator zum Rathauspförtner. Meine »Schauspieler-Karriere« an der Württembergischen Landesbühne, hier mit dem »Sheriff von Linsenbach« Martin Theuer in der Titelrolle.

gar: »Wieland Backes zeigt bei seinem Schauspieldebut, dass er locker größeren Bühnenaufgaben gewachsen ist.« Unser kleines Geheimnis haben Regisseurin Christine Gnann und ich bis heute gewissenhaft gehütet – die Beinahe-Katastrophe meines Blackouts an diesem Premierenabend.

Nach ausverkauften Vorstellungen im Esslinger Schauspielhaus beginnen bald darauf die für die Landesbühne obligaten Abstecher in die Provinz: Von Isny bis Künzelsau, von Schwäbisch Gmünd bis Villingen, die große Nachfrage nach dem erfolgreichsten Stück der Spielzeit bringt uns sogar in Orte jenseits der Württembergischen Landesgrenzen: nach Bayern und Nordrhein-Westfalen. Nur in Ausnahmefällen wird am Gastspielort übernachtet. In der Regel gilt: mindestens zwei bis vier Stunden Anfahrt mit dem Tourneebus und nach der Vorstellung dasselbe noch einmal zurück. Oft finde ich mich erst nach drei Uhr nachts wieder zu Hause ein. Aber: Einem alten Zirkuspferd gefällt das. An meiner Dankbarkeit gegenüber Friedel Schirmer sowie den Kolleginnen und Kollegen auf der Bühne ist nicht zu rütteln. Trotzdem: von wegen »Freiheit des Alters«, von wegen »Flaneur«.

Aufbruch

Stuttgart gilt mit seiner Kessellage, umringt von Weinbergen und Wäldern, als außergewöhnlich schön gelegene Stadt. Manche halten sie allerdings eher für einen städtebaulichen Irrtum. Andere für eine vertane Chance. Seit ich in dieser Stadt lebe – und das ist inzwischen mehr als ein halbes Jahrhundert –, reibe ich mich an ihr. Im Studium, in meiner Doktorarbeit, in meinen Filmen, immer wieder wende ich mich Stuttgart zu, in der festen Überzeugung, es könnte mehr aus sich machen.

Es geschah an einem Tag im März 2016, am Rande einer Trauerfeier im Stuttgarter Theaterhaus, damals, als ich noch nicht ahnte, was auf mich zukommen würde. Fast schon auf dem Nachhauseweg, entdecke ich im Foyer die Journalistin Amber Sayah, die mit dem Stuttgarter Opernintendanten Jossi Wieler in ein lebhaftes Gespräch verwickelt ist. Da ich beide kenne, stelle ich mich einfach dazu. Es geht, wie ich erfahre, um die geplante Sanierung der Staatsoper und die Gefahr, eine Jahrhundertgelegenheit in Stuttgart ungenutzt verstreichen zu lassen – »wieder einmal«, wie die Fachfrau für Architektur und Städtebau bekräftigt. Man müsse jetzt doch nicht nur die Oper anpacken, sondern das ganze Viertel aufwerten: Von der Stadtautobahn B 14 auf der einen Seite bis zum Schlossgarten mit seinem wenig ansehnlichen, eigentümlichen Eckensee auf der anderen. Dabei verfügt Stuttgart entlang der sogenannten »Kulturmeile« über eine einmalige Konzentration hochrangiger Kultureinrichtungen, neben den Staatstheatern auch über den architektonisch vielleicht bedeutendsten Stuttgarter Kulturbau der letzten Jahrzehnte, die Staatsgalerie von James Stirling. Man muss sich allerdings dort nur auf die Terrasse stellen, um die ganze Trostlosigkeit der Nachbarschaft zu erfassen: Die röhrende Stadtautobahn, den abweisenden Betonklotz des Kulissengebäudes der Staatstheater, den Gebhard-Müller-Platz, der eigentlich kein Platz ist, sondern eher ein wenig einladendes Verkehrslabyrinth.

Es dauert nicht lange und ich diskutiere mit. Wann geschieht endlich etwas Wegweisendes in dieser Stadt? Zehn Minuten später will das Trio wieder auseinandergehen. Ich gebe zu bedenken: »Wir können jetzt sagen: Schön, dass wir darüber gesprochen haben – und das war's dann. Oder wir treffen uns wieder und überlegen, ob und wie wir etwas an diesen trüben Zuständen ändern können.«

Tatsächlich, wir treffen uns erneut. In das Café in der Nähe des Charlottenplatzes hat Amber Sayah noch einen weiteren Gast mitgebracht. Ich kenne und schätze ihn. Er gilt als einer der herausragenden und ungewöhnlichsten Architekten der Stadt. Arno Lederer ist ein Mann mit Leidenschaft und ein unabhängiger Geist. Unser Quartett, so wird mir bald klar, wird sich nicht zu einem gemütlichen und ansonsten folgenlosen Kaffeekränzchen entwickeln. Wir wollen diese Stadt und insbesondere das Kulturquartier verändern, aufwerten. Bleibt nur die Frage, wie wir das anstellen können?

Weitere Treffen folgen, weitere Kulturschaffende stoßen dazu. Irgendwann liegt der Vorschlag auf dem Tisch, man müsse dringend das Gespräch mit dem Oberbürgermeister suchen. Am 29. September 2016 empfängt uns Fritz Kuhn im Rathaus. Es müsse endlich etwas geschehen in dieser Stadt, setzen wir an, der städtebauliche Stillstand sei überall sichtbar und wenn etwas Neues entsteht, dann ist es eher Mittelmaß, nichts Wegweisendes. Stuttgart braucht aber den großen Wurf, eine Idee, um in seiner Attraktivität nicht noch weiter hinter andere europäische Großstädte zurückzufallen. Wir bemerken rasch: Der Mann, der uns gegenübersitzt, interessiert sich nur mäßig für das, was wir meinen. Mit einem Hang zur sprachlichen Ausschmückung entfaltet er seinen eigenen städtebaulichen Ansatz: Er und sein Baureferat würden nach der »Guerilla-Methode« vorgehen. Man würde dies und das anpacken, ohne dass es zunächst groß auffällt. Zumindest diese Einschätzung teilen wir.

Immerhin bietet Kuhn einen vertiefenden Anschlusstermin an. Nur wenige Tage vor diesem Treffen lässt er ohne Angabe von Gründen absagen. Die Wut darüber behalte ich nicht für mich. Der Kulturchef der *Stuttgarter Zeitung,* Tim Schleider, bietet mir auf Anfrage freundlicherweise die Gelegenheit zu einem Gastbeitrag: »Think Big Stuttgart« steht über dem Artikel, der auf lebhafte Resonanz stößt. Die öffentliche Debatte über Stuttgarts Zukunft, über das Kulturquartier und die paralysierende Stadtautobahn B 14 ist damit in Gang gebracht. Und nun?

Als wir zu einer ersten Informationsveranstaltung in den Stuttgarter Hospitalhof einladen, entscheiden wir uns selbstbewusst für den größten Saal des Hauses. Ein wenig Hybris mag schon dabei sein, denn er bietet Platz für 800 Personen. Als wir am Abend über 1000 Besucher zählen, wissen wir eines: Die Bürgerschaft dieser Stadt giert geradezu nach neuen Impulsen für das Stuttgart von morgen. Die Diskussion über »Eine Vision für Stuttgart« hat offenbar gezündet. Im Saal breitet sich eine richtiggehende Aufbruchstimmung aus. »Aufbruch Stuttgart« nennen wir dann auch unseren gemeinnützigen Verein, den wir bereits drei Wochen später ins Leben rufen. Und ich soll, nach dem Willen der Gründungsmitglieder, die Rolle des Vorsitzenden übernehmen.

Aber haben wir uns das auch gut überlegt? Ist es wirklich klug, einen Fernsehmacher mit ausklingender Bildschirmprominenz auf den Schild zu heben? Für manchen Journalisten ist künftig »Aufbruch Stuttgart« notorisch »der Verein um den ehemaligen SWR-Moderator Wieland Backes« oder einfach »Backes & Co«. Mag ja sein, dass mein Bekanntheitsgrad auch für unsere Initiative einige Vorteile bringt. Gegenüber meinen Mitstreitern ist mir das allerdings peinlich. Mein Lieblingsjournalist setzt damit nur allzu gern seine spitzen Akzente. Ich bemühe mich indessen darum, zu verstehen, warum man eine Initiative vorurteilsgeladener und kritischer anfassen muss als zum Beispiel die etablierte Politik. Aber jetzt gibt es für mich kein Entkommen mehr. »Flaneur«, mein verlockendes Lebenskonzept fürs Alter, ist definitiv gescheitert – und zwar noch bevor es Gestalt angenommen hat.

Die *Stuttgarter Zeitung* schreibt: »Seit Jahrzehnten denken Experten darüber nach, wie Stuttgart attraktiver werden und seinen miesen Ruf loswerden kann. Pläne von Architekten versanken in den Schubladen. Lange herrschte Schweigen. Doch nun soll alles anders werden.«

»Überparteilich, unabhängig und konstruktiv wollen wir sein«, das erkläre ich auf unserer ersten Pressekonferenz, an meiner Seite Persönlichkeiten wie die Architekten Arno Lederer und Werner Sobek, die Direktorinnen des Württembergischen Landesmuseums Cornelia Ewigleben und des Stuttgarter Kunstmuseums Ulrike Groos, Opernintendant Jossi Wieler und der Manager des SWR-Sinfonieorchesters Felix Fischer. Als unsere Mitgliederzahl innerhalb nur weniger Wochen die Marke von 500 überschreitet, wundern wir uns selbst wohl am meisten. Drei Monate später stehen wir bereits bei 750. Unter dem Stichwort »Aufbruch allüberall« schreiben die *Stuttgarter Nachrichten*: »Das ist nicht zuletzt das Verdienst des Vereins ›Aufbruch Stuttgart‹, dem es, angeführt von Kulturschaffenden, gelungen ist, der lange lahmenden Stuttgart-Diskussion neues Leben einzuhauchen.« Von den Gemeinderatsfraktionen über Wirtschaftsverbände bis hin zum Rotary Club, alle wollen jetzt mit uns sprechen, wollen unsere Ideen näher kennenlernen.

»Was nun, Herr Kuhn?« Überdimensional prangt diese Frage an den Plakatwänden der Stuttgarter Innenstadt. Der Oberbürgermeister soll sich dazu bekennen, dass die Zeit des Stillstands jetzt vorüber sein muss. Auf einer öffentlichen Veranstaltung steht er Rede und Antwort. Überraschendes ist nicht dabei.

Umbau von der autogerechten zur menschengerechten Stadt: Mit einer großangelegten Aktion wollen wir diesem Ziel näherkommen, Bewegung ins Spiel bringen. Mit Ruhestand hat das alles für mich jetzt nichts mehr zu tun. Die meisten meiner Mitstreiter stecken im Gegensatz zu mir noch in einem fordernden Berufsleben. Mein Fulltime-Job heißt jetzt »Aufbruch«. Aber immerhin: Von Abhängigkeiten bin ich nun befreit, vielmehr genieße ich meine Unabhängigkeit jeden Tag aufs Neue. In dieser Hinsicht kann ich nur beschwörend sagen: »Es lebe das Alter!«

Johann Traber ist der Kopf der legendären Artistenfamilie Traber. Die waghalsigen Balanceakte des Clans auf dem

Hochseil – bis zu hunderte von Metern über dem Grund – sind legendär. Traber senior kenne ich aus einer meiner Sendungen, und die Erinnerung an ihn bringt mich auf eine Idee. Eine Überquerung der Stadtautobahn auf dem Hochseil wäre eine Attraktion und ein Symbol zugleich. Wenn jemand diese für Fußgänger lebensgefährliche Straße überqueren will, dann ist das doch höchstens so möglich: in schwindelerregender Höhe, auf einem Seil. Ich rufe Johann Traber an: Ohne eine Sekunde zu zögern, sagt er zu.

Das könnte der spektakuläre Höhepunkt einer Aktion sein, mit der wir das Augenmerk auf dieses schwere Erbe der Nachkriegszeit lenken, auf eine Last, derer sich unsere Stadt nach vielen Fehlversuchen jetzt endlich entledigen sollte. Wir schaffen es: An einem Sonntag im September 2017 gehört die Stadtautobahn in der Innenstadt für mehrere Stunden ausschließlich den Fußgängern. Angeführt von einer Marching Band bewegt sich ein heiterer Demonstrationszug aus mehreren tausend Menschen Richtung Oper. Fast alle angrenzenden Kulturinstitutionen sind vertreten. Symbolisch wird Rollrasen über einige Meter Fahrbahn gelegt, auf einem der vielen Transparente steht: »Rasen statt Rasen«.

Eingeladen zu unserer Aktion haben wir auch Fritz Kuhn, der tatsächlich kommt und prompt lobende Worte findet – für sich: »Es ist nicht selbstverständlich, dass ein Oberbürgermeister zu einer Demonstration kommt, die sich auch gegen das eigene Rathaus richtet.« Immerhin: Das Problem Stadtautobahn verspricht er noch im selben Jahr anzugehen. Und als die Traber-Artisten buchstäblich in einem Drahtseilakt, nämlich mit einem Fahrrad auf dem Hochseil, wohlbehalten die andere Straßenseite erreichen, erreicht die Stimmung auf der temporär autofreien B 14 auf ihren Höhepunkt.

Von der autogerechten zur menschengerechten Stadt:
»Aufbruch Stuttgart« will, dass die unansehnliche,
tosende Verkehrsschneise endlich Vergangenheit wird.

Unser Verein wächst weiter – unsere Ungeduld auch. Das
Tempo, mit dem die Dinge im Rathaus vorangehen, gefällt
uns gar nicht. Wir werden zwar eingeladen, unsere Ideen
für das Kulturquartier in einem Ausschuss des Gemeinde-
rats vorzutragen, Eingang in die städtischen Planungsüber-
legungen findet das Erarbeitete aber kaum und der ange-
kündigte städtebauliche Wettbewerb für das Kulturquartier
lässt auf sich warten. Da macht Arno Lederer eines Tages
einen kühnen Vorschlag: »Warum veranstalten wir – wenn
die Stadt nicht vorankommt – nicht selber einen Städte-
bauwettbewerb oder zumindest einen mehrtägigen Workshop mit international renommierten Architektur- und
Planungsbüros?« Unsere Mitglieder sind begeistert. Der
Oberbürgermeister offenbar nicht: In der Presse verbrei-
tet er den Vorschlag, man möge unseren Verein »Aufbruch
Stuttgart« doch in »Abriss Stuttgart« umbenennen.

Doch was Arno Lederer und unser ehrenamtlicher Geschäftsführer Thomas Rossmann sowie der engagierte Rolf-Uwe Müller, unterstützt von zahlreichen Helfern, auf die Beine stellen, übertrifft alle Erwartungen. An einem Wochenende im November 2018 erarbeiten fünf Teams, darunter auch die Erbauer der Elbphilharmonie Herzog & de Meuron, im Stuttgarter Haus der Architekten wegweisende Ideen für das Kulturquartier. Der Saal in der Architektenkammer droht aus allen Nähten zu platzen, als die eingeladenen Planer ihre Ergebnisse präsentieren. Ein großer Erfolg. Jetzt soll das Wichtigste daraus in den politischen Raum eingebracht werden. Im Januar 2019 überreichen wir eine Publikation mit den Kernaussagen des Workshops dem Oberbürgermeister – in bester Hoffnung.

An diesem Punkt wird mir bewusst, wir haben als Initiative ein ganz schönes Tempo vorgelegt, und allmählich ahne ich, was noch alles vor uns liegt. Werden die Kräfte dafür ausreichen? Etliche der Gründer unserer Initiative haben sich inzwischen aus der aktiven Arbeit leise wieder verabschiedet, sei es aus Gründen ihrer beruflichen Belastung oder weil sie ihre individuellen Interessen nicht, wie erhofft, vertreten meinten. Andere fürchteten als Mitglieder dieses aufmüpfigen Vereins Probleme mit ihrem Arbeitgeber. An entsprechendem Druck hat es jedenfalls nicht gefehlt. Erfreulicherweise stoßen neue engagierte Leute zu uns. Andere, wie Arno Lederer und Schatzmeister Martin Rith, halten unserer Sache unerschütterlich weiter die Treue. Doch im Wesentlichen hängt die Arbeit jetzt an drei bis vier Personen. Ich selbst spüre mit Sorge: Was der Einsatz für den »Aufbruch« mir abverlangt, hat eine Dimension bekommen, die man beim besten Willen nicht mehr »altersgemäß« nennen kann.

Dabei können sich unsere bisherigen Erfolge durchaus sehen lassen. Allenthalben erreicht uns die Bestätigung, ohne den »Aufbruch« wäre so manches zukunftsweisende Thema in dieser Stadt nicht angepackt worden: Das Kulturquartier, die Verkehrsschneise B 14, Alternativen zur geplanten Opernsanierung. Je konkreter und fundierter unsere Pläne aussehen, desto mehr wachsen die Anfeindungen aus dem Rathaus und den zuständigen Ministerien. Wir fragen uns inzwischen, ob eine Mitwirkung der Bürgerschaft überhaupt ernsthaft erwünscht ist.

Doch Engagement heißt in unserem Fall, dicke Bretter bohren. Und das mit Ausdauer. Zu Hause kann meine Familie das fast omnipräsente Wort »Aufbruch« schon nicht mehr hören. Natürlich begeistert die Arbeit für unsere Initiative und unsere Stadt nach wie vor, doch auf Anerkennung hoffen – Fehlanzeige. Nach vier Jahren Bürgerengagement stelle ich jetzt fest, dass mir im Vergleich zu früher vieles nicht mehr so leichtfällt. Und es ist keineswegs nur das Alter, das dahintersteckt. Ich spüre, dass der Zeitpunkt naht, an dem ich ein seit Jahren gehütetes Geheimnis öffentlich machen muss.

Mit der Wahrheit leben

Der Facharzt für radiologische Diagnostik und Nuklearmedizin im Stuttgarter Westen, dem ich am 13. November 2013 gegenübersitze, hält sich nicht lange mit empathischen Wortkünsten auf, wozu auch. Die bunten Aufnahmen, die vor ihm liegen, sprechen eine eindeutige Sprache: »Sie haben Parkinson.«

Als ich diese Zeilen niederschreibe, liegt die Diagnose schon sieben Jahre zurück. Damals sitze ich einige Tage nach der betrüblichen Botschaft – in Begleitung meiner Frau und mit dem Befund in der Hand – bei dem vertrauten Arzt, der die nuklearmedizinische Untersuchung veranlasst hat, und frage: »Wie sehen Sie meine Lage?« Seine verblüffende Antwort: »Gelassen.« Ursprünglich war ich nur wegen meiner chronischen Kopfschmerzen zum Neurologen gegangen. Sie verschwanden wieder und hatten mit dem jetzigen Befund nichts zu tun. Mein Arzt sagt, ich hätte großes Glück gehabt, rechtzeitig in seiner Sprechstunde gelandet zu sein. Denn ohne die neurologische Generaluntersuchung hätte sich die Parkinson-Erkrankung mutmaßlich erst Jahre später herausgestellt. Jetzt, im Frühstadium, sei die Krankheit noch so beherrschbar, dass sie bei richtiger Medikation für Jahre kaum folgenreicher als der normale Alterungsprozess sei.

Zu dieser Zeit stehe ich noch voll im Berufsleben, bin

jede Woche vor der Kamera. Kann das gutgehen? Natürlich bemühe ich erst einmal ausgiebig das Internet und erlebe erwartbar ein Wechselbad der Gefühle. Mir geht es ja noch vergleichsweise gut. Aber welche Verfassung erwartet mich in drei, vier oder fünf Jahren? Erst jetzt wird mir bewusst, woher der bereits vor 20 Jahren eingetretene Verlust meines Geruchsinns rührt. Kein Arzt war bisher auf die Idee gekommen, den Zusammenhang mit einem sich entwickelnden Parkinson-Syndrom zu sehen. Aber das ist jetzt nebensächlich.

Wichtiger ist, wie gehe ich mit der Krankheit um? Ich stehe in der Öffentlichkeit. Soll ich auch die Krankheit öffentlich machen? Ich kenne Menschen, die diesen Schritt früh vollzogen haben und es nicht bereuen. Andere würden es nie wieder tun. Meine Frau und ich diskutieren die Perspektiven ausführlich. In einem bin ich mir sicher: Auf keinen Fall will ich künftig zuallererst als Parkinsonkranker gesehen werden. Es soll erst einmal das Geheimnis von uns zweien bleiben.

Trotzdem ist die fortschreitende Krankheit nicht einfach wegzuretuschieren. Die Bewegungen werden langsamer, der Gang zögerlicher, die Mimik starrer. Fast wie eingefroren kommt mir mein Gesicht oft vor, wenn ich in den Spiegel schaue. Meine Sprache wird undeutlicher und leiser, nicht gerade ideale Voraussetzungen, um weiter vor einer Kamera zu agieren. Früher galt ich als ein Mensch, der sehr viel lacht. Jetzt ist, ganz entgegen meinem Gefühl, der Ernst aus meinen Augen kaum noch zu vertreiben. Immer wieder rührt sich die Angst, dass meine Gegenüber längst erkannt haben, wie es um mich steht. Zum Glück bin ich nicht vom Tremor, dem parkinsontypischen Zittern der Hände, betroffen.

Jetzt lebe ich schon ganze sieben Jahre mit diesem unheilbaren Befund und einer großen Batterie Pharmazeutika. Die Beschwerden nehmen spürbar zu. Jetzt, an meinem 75. Geburtstag, so denke ich, ist der richtige Zeitpunkt dafür gekommen: Von nun an werde ich offen mit der Krankheit umgehen.

Was über die betrüblichen Zukunftsperspektiven zu hören und nachzulesen ist, stimmt wenig optimistisch. Trotzig lasse ich das nicht an mich heran. Mehr denn je lebe ich den Augenblick, setze weiter auf Lebensfreude. Es war bis jetzt ein anregendes, aufregendes und meistens ein erfüllendes Leben, und das soll es auch so lange wie irgend möglich bleiben. Bewusster denn je wird mir das, was kostbar ist: In Übereinstimmung mit mir selbst zu leben, mit den Menschen, die ich liebe und die mir nahestehen. »Und die Welt verändern?« – Zumindest die Illusion möchte ich mir auch weiterhin erhalten.

Im Mai 2019 sendet mir mein Sohn ein undeutliches Schwarz-Weiß-Foto auf mein Smartphone. Da meine Kinder sehr naturinteressiert sind, halte ich es für die Infrarotaufnahme von irgendwelchen Jungtieren im Nest. Ich schreibe zurück: »Tierbeobachtung?« – »Ja!« – Meine große Tochter mischt sich ein: »Juhuu, wie süß!!!!« Ich frage: »Woher?« – Die Tochter: »Vom Storch natürlich.« Es dauert noch ein paar Minuten, bis ich, lächerlich spät, die Ultraschallaufnahme erkenne. Endlich begreife ich: Ich werde Großvater!

Niemand in der Familie hatte damit gerechnet. Die Freude darüber findet kein Ende. Nur eines ist schade: Um meinen allerletzten beruflichen Auftritt vor der Kamera noch mitzuerleben, kommt das Enkelkind zu spät auf die Welt.

Aus meinem Fernsehleben hatte ich die Familie bislang weitgehend herausgehalten. Im Dezember 2019, zum guten

Ende meiner Bildschirmpräsenz, setze ich diese altbewährte Regel einfach außer Kraft. In der letzten von mir moderierten Ausgabe von »Ich trage einen großen Namen« ist ein Name zu erraten, der von der üblichen Sendungspraxis abweicht: mein eigener. Und die Nachfahren im Studio sind meine drei Kinder. Was sie erzählen aus der Zeit, die sie mit mir das Erdenleben teilen, schmeichelt dem Patron. »Fürsorglich«, »willensstark« und »selbstbewusst« heißen die Attribute, die sie mir zuschreiben. Ich weiß nicht, ob sie es mir glauben würden, wenn ich ihnen erzählte, dass ich einst ein schüchternes Kind vom Lande war.

Dank

Ohne das Vertrauen ausgesprochen mutiger Menschen wäre dieses Buch wohl nie entstanden. Siebzig Seiten waren immerhin geschrieben, als ich mit wenig Hoffnung Philipp Haußmann, den Vorstandssprecher der Klett-Gruppe anrief. Zu meiner Überraschung entdeckte er offenbar irgendwelche Qualitäten in dem Textfragment, was ihn dazu brachte, die Sache dem Verlagsleiter von Klett-Cotta, Tom Kraushaar, anzuempfehlen. Als auch dieser freundlicherweise meinen Zeilen etwas abgewinnen konnte, war der Weg zum Buch von kompetenter Seite mehr oder weniger geebnet.

Zu meinem und des Buches Glück wurde mir mit Christoph Selzer ein engagierter und erfahrener Lektor an die Seite gegeben. Ich habe seinen Rat und seine Partnerschaft sehr genossen. Seine Mitwirkung hat dem Endprodukt außerordentlich gutgetan. Wichtige Hinweise verdanke ich Frau Sabrina Keim und die gelungene Gestaltung des Buches Frau Julia Menzel, die das Projekt in der Herstellung betreut hat.

In der Entstehungsphase davor war meine Frau die Hauptleidtragende. Dass sie sich – meist spätabends – die neu verfassten Zeilen willig und kritisch angehört hat – und nur gelegentlich dabei einschlief – interpretiere ich als großen Liebesbeweis. Genauso dankbar bin ich für ihre orthographische Durchsicht des Werkes, das schließlich von

Maren Schlachter mit Sorgfalt und Ausdauer am PC in ein lesbares Manuskript verwandelt wurde.

Ihnen allen gilt mein herzlicher Dank.

Nicht vergessen werden sollen aber auch die beträchtliche Zahl von Menschen, die durch Ihre Beiträge diese Autobiographie vor der Gefahr der Langeweile und Eintönigkeit bewahrt haben. Viele meinten es gut mit mir. Aber auch die, die eher Übles im Schilde führten, möchte ich angesichts ihrer dramaturgischen Bedeutung für dieses Buch nicht unerwähnt lassen.

Wieland Backes

Bildnachweis